INDICE

Hola, ¿qué tal?,

Soy M.ª Teresa Ferrer o "Mayte" como suelen llamarme mi familia y amigos.

En primer lugar, quiero darte las gracias por haberte decidido a leer mi libro (Opciones laborales en Tiempos de crisis).

Espero que cuando termines de leerlo te guste tanto como a mí me ha gustado escribirlo para ti, y que cumpla con la función por la cual lo he escrito, que es darte un empujoncito (si es que lo necesitas)… y que empieces a crear la vida que deseas.

Es la primera vez que escribo un libro y la verdad es que no sé muy bien cómo empezar…

Pero bueno de todas formas vamos allá.

A lo largo de nuestra vida pasamos por un sinfín de situaciones, a veces buenas y otras no tan buenas, pueden ser en temas personales, familiares, laborales, económicos, etc.

Las buenas etapas del pasado son, por norma general, las que recordamos con nostalgia cuando en el presente no nos va tan bien como quisiéramos, reviviéndolas una y otra vez y deseando volver a ellas. Y si en el presente nos va bien, agradecemos todas las decisiones del pasado por habernos dado lo que tenemos hoy en día.

En cambio las malas etapas, como es normal, son las que desearíamos no haber vivido; y si por desgracia en el presente no estamos todo lo bien que quisiésemos, solemos culpar a las malas experiencias de nuestra situación presente.

Si te fijas, en ambas situaciones hacemos responsable a nuestro pasado de nuestro presente ya sea para bien o para mal.

Pero en realidad no es así por separado, sino en conjunto.

Tanto las buenas como las malas experiencias nos sirven para mirar al pasado, disfrutar de las buenas y analizar las malas para crecer, aprender y rectificar.

Toda experiencia, situación y vivencia aporta a nuestra persona un valor incalculable, porque son únicas e intransferibles y el cómo las utilicemos en el presente nos dará el resultado en el futuro.

Me gustaría que me conocieses un poco antes de entrar en el tema que ocupa el libro.

Nací en Barcelona, en el pequeño Barrio de la Barceloneta, criada en L'Hospitalet del Llobregat y desde 1997 Resido en Las Palmas de Gran Canaria.

Soy hija de padres separados desde los 8 años y la mayor de tres hermanos.

Me convertí en madre a la fuerza a los 14 años cuando mi madre sufrió un accidente casi mortal, que la dejó en una silla de ruedas y con grabes problemas mentales.

Con 16 años tuve que dejar mis estudios porque me resultaba muy difícil atender una casa, cuidar a mi madre y a mis hermanos y concentrarme en mis estudios, así que decidí dejarlos para dedicarme a mi familia a jornada completa.

Mi primer contacto con el mundo laboral fue en los mercadillos, puesto que tanto mi madre antes de tener el accidente como mi abuela (toda su vida) se dedicaban a la venta ambulante.

En mi familia por parte de madre casi todos tenían empresa propia o trabajaban para la familia por lo que me he criado en una familia de pequeños y medianos empresarios en diferentes sectores.

Algunos de ellos crearon sus empresas utilizando la intuición, el esfuerzo y la astucia para conseguir aquello que necesitaban, aun sin contar con estudios de primaria terminados. Educaron a sus hijos en el mundo de los negocios, aunque hoy en día ninguno sigue con los negocios familiares y tampoco existe a día de hoy la fortuna que sus padres crearon.

Por otro lado, mi familia paterna es totalmente opuesta. Trabajadores por cuenta ajena sin ningún tipo de intención de ser empresarios. Educaron a sus hijos en el concepto de ser buenos estudiantes y buscar un trabajo estable; y de hecho a ninguno les va nada mal, incluso salió más de un empresario de esa rama de la familia.

Como verás un entorno bastante diferente pero enriquecedor por ambas partes.

Al ser hija de padres separados pude vivir y aprender de ambas familias en conjunto y por separado.

Por un lado, aprendí de mi familia paterna que el saber no ocupa lugar y mucho te puede ayudar.

Como no pude terminar mis estudios me he formado extra oficialmente por mi cuenta aprovechando cursos y talleres tanto del gobierno como de academias privadas.

En el mundo laboral, la que más me influyo fue la materna puesto que vivía con mi madre y mi ejemplo más cercano fue mi abuela.

Ella era una mujer sin estudios básicos pero con una inteligencia y una intuición para los negocios asombrosa. Trabajadora, luchadora y ahorradora. Aunque la mujer no sabía casi leer ni escribir no había nadie que la engañase, es más, si te descuidabas te vendía hasta tu propia camisa y no dudes que se la comprabas....

Los fines de semana trabajábamos en los mercadillos, y poníamos el puesto en diferentes pueblos de Barcelona y alrededores.

En épocas especiales como Todos los Santos o Navidad, teníamos uno o dos puestos fijos y uno rotando por diferentes pueblos. En estas épocas se vendía lo propio de cada temporada, flores o adornos navideños, pero el resto del año vendíamos de todo, desde juguetes hasta utensilios de cocina.

Desde muy niña vi y aprendí lo que era trabajar para uno mismo y lo que era trabajar para otros, pero también me enseñaron que para saber mandar hay que saber ser mandado, que los conocimientos y la formación son imprescindibles tanto para ser empresario como para ser empleado.

Teniendo en cuenta que no pude terminar mis estudios de secundaria por motivos familiares, he trabajado en diferentes sectores, adquiriendo formación y experiencia en cada uno de ellos: ventas a puerta fría, hostelería, en todos sus sectores (cocina, barra, mesas, en discotecas, etc.), cantante aficionada, secretaria y contable en una comunidad de propietarios, diseño gráfico corporativo, Network Marketing y algún que otro sector.

Cierto es que he tenido que trabajar en lo que salía pero también fui formándome en aquellos sectores que creía me serían de utilidad en futuros cercanos como el diseño corporativo, contabilidad y administración de empresas, técnicas de superación personal, técnicas de venta consultiva, Marketing, etc…

También he hecho mis pinitos como autónoma y monté un par de negocios físicos, todos ellos relacionados con mis habilidades profesionales, (comercio y hostelería) y aunque no culminasen como yo deseaba por diferentes motivos, aprendí qué fue lo que falló en cada uno de ellos y a tener en cuenta dichos errores para futuros negocios. ¿Que si todavía me quedaron ganas de montar otro negocio? ¡SI!, ¡Claro!

Muy recientemente fundamos la **primera empresa de marketing Integral basada en la Infonomía**: EmCom Soluciones SL.

¿Qué quiero decir con Infonomía?

Pues que nuestro objetivo principal no es la venta de productos o servicios, sino conseguir que emprendedores y pequeños empresarios como autónomos y pymes entiendan y actúen desde el conocimiento y la formación adecuada, para así aumentar progresivamente el crecimiento de sus propios negocios.

Puedo asegurarte que es muy complicado ser una Empresa de Marketing de estas características, sobre todo cuando hay tantísima publicidad engañosa en la red y que por supuesto esa misma publicidad ayuda a aumentar la desconfianza en los colectivos a los que queremos ayudar. Pero aunque todavía nuestra empresa esté en pañales y sea muy difícil crear confianza con nuestra labor estamos muy orgullosos de su desarrollo.

Con esto quiero que te des cuenta de que el hecho de que las cosas no salgan siempre como esperas, no indica que estés fracasado o que ya no puedas hacer nada para que tu vida sea mucho mejor. Sino que si quieres, tienes la posibilidad de eliminar todo aquello que te frena a nivel tanto emocional como profesional y que puedes empezar de nuevo tantas veces como sea necesario, pero cada vez con más conocimientos, experiencia y determinación.

Como verás soy una persona muy polifacética, o un culo inquieto como diría mi abuela…

Durante todos estos años (26 años acumulando conocimientos y experiencias…), en muchas ocasiones ha sido la necesidad la que me hecho tener que agudizar el ingenio para poder comer y pagar los gastos de la casa; sin hacer daño a nadie, por supuesto, y sin entrar en nada ilegal. Si tenía trabajo trabajaba y si no lo tenía, pues buscaba la forma de generar esos ingresos por mi cuenta.

La realidad es que tanto cambio de profesión no ha sido por falta de trabajo en un sector concreto, porque viviendo en Canarias y sabiendo trabajar en el sector turismo nunca falta el trabajo; sino porque no terminaba de encajar en ninguno de ellos. Se me daba bien mi trabajo, me gustaba, me pagaban bien y me llevaba bien con mis compañeros pero me sentía incompleta conmigo misma.

Una vez fui consciente de ello, decidí rodearme de personas con mi misma mentalidad e inquietudes, leer diferentes libros, realizar varios cursos de superación personal, etc.

OJO… No todo lo que leas en un libro has de tomarlo como una guía infranqueable o sin modificaciones, no a todo el mundo le sirven los mismos consejos, ten en cuenta que todo lo que leas es escrito por alguien con sus propias experiencias, vivencias personales y conocimientos.

Todos hablamos desde un punto de vista muy distinto, por eso te recomiendo que cojas todo aquello que te sea útil para mejorar tu propia vida y lo adaptes a ti, a tus metas, tus sueños y sobre todo que traces un plan inicial desde el cual comenzar el camino hacia tu objetivo.

Eso fue lo que hice en su momento y desde entonces empecé a enfocar mis energías, conocimientos y esfuerzos a conseguir lo que realmente me hacía sentirme bien conmigo misma, dejando atrás traumas infantiles, experiencias poco saludables, creencias limitantes, etc.; y sobre todo mirando mi presente de frente y caminar paso a paso hacia el futuro que quería y quiero conseguir.

Empecé a utilizar todo lo aprendido a lo largo de los años en ayudar a otros sin esperar nada a cambio, aunque muchas personas de mi entorno cercano (familiares y amigos) me recriminaban que perdía el tiempo porque no ganaba dinero ayudando a los demás. Podía cobrar por mis servicios, puesto que de mi trabajo ellos sí sacaban partido, pero en realidad eso me importaba y me sigue importando muy poco, porque esa ayuda "altruista" me ha servido no solo a sentirme bien conmigo misma sino a mejorar como profesional.

"Nuestra vida es el resultado de:

Visión del problema + decisión de resolución sobre el problema + actuación en cuanto a la resolución del problema"

Para que lo veas más claro te voy a poner un ejemplo, seguro que lo habrás leído por las redes sociales pero me gusta mucho y además en cierto modo me siento identificada, no de forma literal pero algo parecido:

Dos gemelos idénticos se crían en un entorno donde el padre es un vago, maltratador y alcohólico, y la madre una mujer sumisa que no encuentra el valor para poner fin a esa situación.

Uno de ellos ya en edad adulta es idéntico al padre (vago, maltratador y alcohólico)

Cuando le preguntaron "¿Qué Pasó?" contesta que tuvo un mal ejemplo desde niño.

El otro por el contrario, en la misma edad adulta es un hombre con éxitos laborales, odia el alcohol y es respetuoso y cariñoso con su esposa.

Cuando le preguntaron "¿Qué Pasó?" contesta que tuvo un mal ejemplo desde niño.

Como verás, el ejemplo que recibieron los dos fue exactamente el mismo pero cada uno optó por tomar decisiones diferentes y en consecuencia los dos tuvieron resultados totalmente opuestos.

Eso no quiere decir que a lo largo de nuestra vida no podamos tomar decisiones equivocadas y estemos una temporada en el ejemplo del primer hermano, (culpando de nuestras acciones y malas decisiones a malos ejemplos, a algo o a alguien del pasado o incluso del presente).

Pero sí que cuando seamos conscientes de ello, comprendamos que no tenemos ningún tipo de obligación en seguir estando en esa situación y que el ejemplo recibido no es justificación para nuestros propios actos. Es de vital importancia que tomemos las medidas necesarias para realizar los cambios pertinentes para obtener resultados diferentes.

Volviendo al tema por el cual puse este ejemplo:

En el momento que ya tenía claro cuál era el problema, de qué recursos mentales, físicos, emocionales y económicos disponía, solo me quedaba seguir las recomendaciones de varios temarios de auto ayuda y crear el guión de mi futuro, buscar la ayuda necesaria en aquellos campos que no podía desarrollar por mi cuenta y que eran necesarios para empezar a caminar.

Bueno, pues eso es lo que hice hace 3 de años.

Al principio me pareció extraño tener que escribir en un papel dónde y cómo quería estar dentro de 10 años sin preocuparme de mi situación actual en ese momento. Pero después de muchos días pensando que eso era una soberana tontería y que no serviría para nada (y dicho sea de paso, sintiéndome un poco ilusa de que eso fuese a funcionar…), por fin me decidí a crear el guion de mi vida y empecé a caminar, teniendo siempre presente lo que quería alcanzar.

Por propia experiencia puedo decir que al principio no verás cambios significativos pero sin darte cuenta se empiezan a abrir puertas que no sabes por qué ni dónde estaban antes de escribir tus objetivos pero… ¡Sí!

Ahí están y todo se relaciona.

Cada vez que encuentras por casualidad una persona, un libro, un procedimiento, un video en Facebook o lo que sea que tenga relación con tu sueño, meta u objetivo, te va animando poco a poco hasta que consigues confiar en que lo que has hecho sí sirve para mucho.

3 años más tarde "hoy" estoy viviendo mi sueño justo en el punto que describí en mi guion y paso a paso y sin perder la visión firme a mi guion inicial lograré mi objetivo.

Puedes parar en el camino, volvértelo a leer, quizás hacer algunas modificaciones, perderte de vez en cuando (pero sin que sea demasiado tiempo, recuerda que tienes una fecha de entrega para el pedido de tus sueños).

¡Tampoco importa si caes por el camino! Tómatelo como una advertencia… recapacita sobre tus pasos antes de caerte y analiza el por qué te caíste, resuelve posibles errores y cuando te levantes lo harás con más fuerza…

No pretendas dar pasos gigantes ni ver resultados enormes en poco tiempo, porque para hacer una casa por pequeña que sea, has de poner primero los cimientos.

Si quieres dar el primer paso y no sabes cómo hacerlo, puedo ayudarte…

¿Hablamos? Mayte@emcomsoluciones.es

Bueno, entremos en materia sobre el contenido de este libro...

"Opciones laborales en tiempos de crisis"

Llevamos varios años con una crisis económica bastante agobiante (Y como decía mi abuela… Si quieres que en una casa haya problemas, que falte el dinero).

Sí, es cierto, pero las crisis también tienen su parte positiva.

Una crisis nos da la oportunidad de ser rebeldes, de reinventarnos, de descubrir y explotar nuestra creatividad, ingenio y habilidades para conseguir superar esa crisis de la mejor forma posible.

(Ya sea emocional, de pareja o económica)

Lo que quiero que entiendas con lo que acabo de contarte, es que da igual en la situación que te encuentres hoy, la vida te pone muchas oportunidades en el camino que están esperando a que las veas, solo es cuestión de poner atención y predisponerte mentalmente a encontrarlas o incluso a crearlas.

ADVERTENCIA MUY IMPORTANTE: En este libro **NO** voy a darte las mil y una claves para alcanzar tu libertad financiera como hacen casi todos los supuestos "gurús" en Internet, porque además de que lo explican de una forma que parece sacada de cuentos de magia por lo fácil que parece, no funcionan, no te llevan a ninguna parte y lo único que consiguen a corto plazo es desanimarte aún más.

En la vida todo cuesta conocimientos, esfuerzo, perseverancia, sacrificio, amor y dinero.

Lo que sí vas a ver en este libro son las distintas posibilidades que están a tu alcance en este mismo momento en el terreno laboral. Quizás ni siquiera te has parado a pensarlo o si lo has hecho, no le has visto salidas a tu problema. Seguramente no lo estabas mirando con el enfoque adecuado. Si después de leer este libro sigues creyendo que no puedes (o no quieres) salir del agobio y prefieres quedarte cómo estás, es porque te gusta tu situación… Y eso amigo mío no tiene solución.

Sí, hay mucha abundancia ahí fuera ¡Atrévete a cambiar el chip! Deja de lamentarte, de quejarte, de culpar al gobierno por las reformas laborales o por lo caro que sale ser autónomo o culpar a la crisis... Eso no te va a sacar de donde estás

Mírate al espejo y di:

Yo valgo mucho y soy capaz de conseguir lo que me proponga porque vine a esta vida para tener lo suficiente de todo para ser feliz.

Y ojo, no te equivoques, el dinero te ayuda a conseguir cosas materiales pero la verdadera felicidad es disfrutar con aquello que hagas o compartas con los demás.

"NUESTRA VIDA ES EL RESULTADO DE LA ACTITUD QUE ADOPTAMOS, LAS DECISIONES QUE TOMAMOS, EL ESFUERZO QUE REALIZAMOS Y LAS GANAS QUE TENGAMOS DE HACER QUE NUESTROS SUEÑOS SE CUMPLAN"

Cuando termines de leer este libro, claro…

Te recomiendo que para empezar a mentalizarte de esos cambios leas el libro del Dr. Camilo Cruz "La Vaca"
https://s3.amazonaws.com/LecturaObligada/La+Para vola+de+la+Vaca.pdf

Capítulo 1. El cuadrante del flujo del dinero

Todos nacemos con predisposición al éxito y a conseguir todo aquello que nos propongamos a través del aprendizaje, la perseverancia, el valor, y la constancia.

A lo largo de los años esas capacidades natas de superación personal y de confianza en nosotros mismos, van mermando o aumentando dependiendo de la educación y los valores que recibamos a lo largo de nuestra infancia y adolescencia.

Pero en realidad, no solo depende de lo que nos enseñan o el ejemplo que recibamos a esas edades como ya has visto antes. Tenemos nuestro propio corazón y deseos, por tanto, podemos y tenemos la obligación con nosotros mismos de decidir cuáles son nuestras creencias limitantes y cuáles son las potenciadoras, las que nos alejarán o acercarán a nuestros sueños reales, eliminar aquellas que nos frenan y potenciar aquellas que nos hacen esforzarnos y creer en nosotros mismos.

En la edad adulta se crean dos tipos de mentalidades laborales.

Los Empleados y los Empresarios.

Ninguna de las dos puede sobrevivir sin la otra, por tanto, es necesario que existan estas dos mentalidades para un equilibrio favorable de la economía y de la sociedad en general.

Si nos fijamos en las estadísticas económicas a nivel global podremos comprobar que el porcentaje de cada una de las mentalidades no está muy equilibrado que digamos…

Hay un 94 % aprox. de la población mundial con mentalidad de empleados frente a un 6 % aprox. de empresarios.

De ahí que surjan las crisis económicas, no hay suficientes empresarios para dar trabajo a tantos empleados. Cada vez aumenta más el desempleo y con ello el aumento de pobreza en general, siendo nuestros niños los mayores perjudicados en esta ecuación...

En los siguientes capítulos, verás cómo puedes pasar de un lado del cuadrante al otro y las diferentes posibilidades de lograr estar en ese porcentaje de empresarios.

Después de leer hasta aquí ¡¡PARA!!… Quiero que te contestes a unas preguntas:

¿Estoy viviendo la vida que me merezco y deseo?

¿Me siento bien conmigo mismo, con mi trabajo, mi entorno, mi familia o mi economía?

Si la respuesta es sí…

¡ENHORABUENA, ERES UNA PERSONA AFORTUNADA!

Si la respuesta es no, vamos a reflexionar un poco del por qué…

¿Eres de las personas que ven solo el problema o de las que busca soluciones?

¿Haces algo para cambiar aquello que no te gusta o ves injusto, o te sumas a la mayoría y solo te lamentas de la situación general?

¿Te has planteado alguna vez cómo quieres que sea tu día a día?

¿Vives el momento o tienes planes de futuro?

¿Eres consciente de lo afortunado que eres ahora mismo, o te preocupas constantemente solo de lo que no tienes?

¿Tienes claro dónde y cómo quieres estar dentro de 5 o 10 años?

¿Estás haciendo todo lo necesario para tener esa vida que quieres?

A lo largo de los años he aprendido que la respuesta en este caso suele ser siempre muy parecida y a la hora de contestar es cuando empiezan los miedos.

¿Afortunado?

No tengo trabajo, no me llega el sueldo ni para pagar los gastos, o no tengo pareja, o no tengo, no tengo, etc…

Cómo voy a pensar lo que quiero de aquí a 5 o 10 años si no sé cómo voy a comer este mes o como alimentar a mi familia, eso es una soberana estupidez, no tengo tiempo para andar jugando con imaginaciones.

No tengo estudios suficientes, estamos en crisis, no hay trabajo, los contratos son una basura y los sueldos ni te cuento, no tengo dinero para invertir en un negocio, ser autónomo es un riesgo porque la gente no compra por la crisis, no me gusta vender, no sé hacer otra cosa, yo no sirvo para eso...

Podría seguir enumerando excusas pero me aburren.

¡Hace más el que quiere que el que puede!

Fórmate, infórmate, y sobre todo es hora de cambiar el enfoque.

¡Hay millones de personas con problemas gravísimos, que viven en sus propias carnes o a través de seres muy cercanos, discapacidades físicas o mentales, enfermedades muy graves e incluso terminales, que luchan para que cada día sea mejor que el anterior y aunque no tengan un futuro seguro, siguen luchando, agradeciendo cada día que pueden levantarse y luchar como una bendición, aprovechando al máximo hasta su último aliento!

Personas que han sufrido la pérdida de seres queridos en circunstancias difíciles o por malos tratos, accidentes o atentados y han aprovechado esa mala experiencia para ayudar a otras personas a superar el mismo dolor y a salir adelante con fuerza.

Personas que han sufrido una guerra en su país y se ven obligados a emigrar siendo lo que nadie quiere en su país, porque… los "Inmigrantes nos quitan el trabajo", "Los inmigrantes tienen más ayudas" o un sinfín de estupideces en las que se centran una parte de la humanidad (por llamarlo de alguna manera).

La "humanidad" implica ser solidario y humano. Duele mucho ver lo estúpidos que hemos sido en muchas ocasiones y darnos cuenta de que muchísimas veces nos quejamos en exceso creyéndonos el ombligo del mundo.

La vida solo te da una oportunidad de vivir y cuando esa oportunidad se va, no regresa jamás.

Cuando paramos el tren de nuestro propio Ego, miramos alrededor y nos damos cuenta de la cantidad de cosas que tenemos por las cuales somos afortunados, es cuando podemos empezar a buscar aquello que queremos pero sin quejarnos por lo que no tenemos, sino desde el agradecimiento de lo que ya tenemos y pretendemos mejorar o nuevos objetivos que queremos alcanzar.

"Si quieres y no sabes, puedo ayudarte, pero si no sabes y no quieres aprender, nada puedo hacer por ti."

Constantemente se ve, se escucha y se dice (no sin motivo) que es muy difícil encontrar trabajo, que ya no sabes donde entregar CV porque te has recorrido toda la ciudad, nadie te llama, y a causa de esta necesidad terminamos por acudir a asuntos sociales, cáritas, etc. (ayudas económicas, de alimentos, de alquiler, etc.)

Todos podemos necesitar ayuda en algún momento de la vida.

Yo crecí en un piso de protección oficial, con ayudas de cáritas cuando las cosas no iban bien en casa y en un preciso momento de mi vida ya adulta, también tuve que pedirla. Aparte de que no es ninguna vergüenza reconocerlo, estoy muy agradecida por la ayuda recibida.

El problema no está en necesitarla sino en acomodarte a ella.

Cuando ves, y lo he podido ver con mis propios ojos, con mucha rabia e impotencia que muchísima gente encuentra todo tipo de métodos para no trabajar y vivir del cuento, limitando los recursos de estas entidades y dejando fuera del sistema de ayudas sociales a familias que realmente lo necesitan, te arde la sangre.

Estas entidades también te ofrecen apoyo psicológico, formación, te guían y apoyan en la búsqueda de empleo e incluso fomentan el emprendimiento ofreciéndote orientación para que puedas emprender.

Muchas personas se acogen a este tipo de soporte porque realmente quieren salir de esa situación pero otras prefieren seguir con excusas, artimañas y engaños para no dar un palo al agua.

Lo que verdaderamente me molesta es el cómo muchísima gente se aprovecha de estas ayudas, teniendo más ingresos que los que se reflejan, trabajando por su cuenta pero sin cotizar o trabajando por cuenta ajena pero con contratos de menos horas y cobrando el resto en negro.

Pero eso no es solamente culpa del que trabaja y no lo denuncia, sino también del empresario que hace ese tipo de tratos para ahorrarse sus impuestos y paga una miseria de sueldo en negro a sus empleados (los cuales en muchas ocasiones o se callan o no trabajan).

Pero aun así, aprovechando esas nóminas bajas, van en busca de las ayudas sociales, dejando fuera del sistema a personas que realmente lo están necesitando.

En estos casos hay mucho miedo y mucha corrupción pero también mucho descarado.

Muchos pensarán: si el gobierno nos roba ¿por qué no podemos hacerlo nosotros también?

PUES MUY SIMPLE… porque seríamos la misma escoria que nos gobierna y nos roba…

Hablaré ahora de números…Según las estadísticas, en España hay unos 46 Millones de habitantes activos, mayores de 16 años con o sin trabajo pero aptos para trabajar.

En Septiembre de 2016 estábamos al 16,7%, uff ¡qué bonito! En el último año hemos aumentado la ocupación en España en casi un 10% pero… ¿en qué condiciones? Pongamos que una cuarta parte están contratados a media jornada y cobrando en "B" la otra media jornada, y que el resto, siendo optimistas tienen unas estupendas condiciones laborales… Bueno al caso, supongamos que en total hay un 25% que está en el paro, contratados con condiciones malísimas, o con muy bajos salarios…

Dicen que hay crisis y la gente no compra o no consume…

¿Has ido a un centro comercial en fin de semana o en fechas señaladas?

Yo sí, y todos a los que he ido casi siempre están llenos y no solo de gente mirando sino que hay cola en la cajas de los diferentes establecimientos y casi todos los restaurantes, bares o cafeterías están llenos.

Sal una noche de fiesta a una discoteca de moda…
(La entrada y las copas no son especialmente
baratas) Pero cuidado, puede que te quedes sin
entrar porque está llena.

¿Entonces? La gente sigue consumiendo y gastando,
no solo porque el otro 75 % de la población sí tiene
trabajo o negocios propios sino porque también hay
demasiada economía sumergida.

Pero bueno, vamos a ver cómo salir de ese 25% y
crear ingresos con el otro 75%.

Capítulo 2. Mundo laboral

Esta es la opción que más dificultad presenta hoy en día por los motivos anteriormente ya descritos, pero aún así hablaré de esta opción exponiendo 2 casos diferentes…

Caso 1.- Para conseguir puestos cualificados y con mayor probabilidad de alcanzar sueldos elevados, es necesario tener una carrera universitaria o equivalente (abogado, medico, psicólogo, etc.).

Se ha de invertir una media de 60 a 100 Mil €uros para realizar una carrera y un mínimo de 5 años de formación Universitaria.

Terminas tus estudios con 25 años aprox.

Caso 2.- Si no has completado tus estudios o no has tenido la posibilidad de estudiar una carrera, siempre puedes adquirir conocimientos específicos a través de módulos de formación profesional o formación a distancia y no importa la edad que tengas. El saber no ocupa lugar.

Para los que estén dentro del primer caso, durante los años previos a terminar la carrera tendrás que hacer prácticas para adquirir conocimientos prácticos en tu sector, por tanto trabajarás en una o varias empresas para adquirir esos conocimientos.

Una vez termines la carrera, es hora de buscar empleo, tienes unos 26 o 27 años, con un título bajo el brazo, mucha teoría y poca o ninguna experiencia laboral.

Podrás optar a puestos de trabajo cualificados en tu especialidad empezando desde puestos más elevados por tu titulación o no…

Si tienes suerte y alguna de las empresas con las que has hecho las prácticas cuenta con bolsa de trabajo, les gusta cómo has desempeñado tu trabajo en el periodo de prácticas y tienen puestos vacantes puede que no tengas que buscar trabajo mucho tiempo.

Si por desgracia no sucede lo del punto anterior tendrás que sumarte a los que esperan en la larga cola del paro con carrera o sin ella, puede que encuentres otros trabajos fuera de tu profesión o también como becario en alguna empresa o si lo prefieres, también puedes esperar a que llegue ese trabajo que sueñas y por el que has estado preparándote tantos años… Eso ya lo verás sobre la marcha.

Para los del segundo caso, empiezas a trabajar en cualquier sector y adquieres experiencia laboral a la par que aprendes. A esa edad (26-27 años) ya tienes varios años de experiencia en el mundo laboral.

En mi caso particular, no pude terminar mis estudios de secundaria y tuve que empezar a trabajar a una edad muy temprana, pero no por ello deje de tener ambición por superarme.

Que no se tenga una carrera universitaria no implica que dejes de aprender para superarte a ti mismo ya sea a nivel cultural, académico o laboral. Y por otro lado, que se tenga una carrera universitaria no implica que no se pueda aprender otras materias u otros oficios.

Pero que se tenga un título, un diploma, un máster, etc. no te cualifica para un trabajo.

Tengo un amigo que es ingeniero de sistemas y en muchas ocasiones me comenta: "que tengas un título no dice nada de ti, me he topado con muchas personas tituladas en diferentes sectores que son unos ineptos e incompetentes en sus trabajos y que solo por tener un título se creen que ya lo saben todo".

Y lo cierto es que tiene muchísima razón. En la vida, la formación es importante, pero ser competente y trabajador, la honradez, la empatía, la cordialidad, la humildad, la educación, el amor a uno mismo y al prójimo y la experiencia no se enseña en las universidades.

Bueno, terminamos con este punto y en caso de que no salga ningún trabajo de ninguna categoría en la que puedas trabajar, que es uno de los grandes problemas hoy en día, siempre tienes otras opciones, así que sigamos viéndolas.

Capítulo 3. Emprendedor

Al no encontrar trabajo "por la crisis" se nos ocurre la idea de montar un negocio propio. Servicios profesionales si se tiene titulación, una tienda, un restaurante o cualquier negocio que pensamos o sabemos que se nos da bien y que puede tener éxito.

Es muy importante que sepas que para que un negocio tenga éxito no es suficiente con tener una idea y lanzarte a la aventura.

Lo principal sí es la idea, pero de ahí vienen otras observaciones y planificaciones previas, que además deberás actualizar constantemente sobre la marcha una vez tu idea se convierta en un negocio. Preguntas previas:

¿Por qué vas a abrir un negocio?

En esta pregunta voy a aventurarme a dar yo misma la respuesta de la gran mayoría:

- Necesito hacer cualquier cosa porque no hay trabajo y necesito ganar dinero…

Si es por eso ya te puedo decir que no lo abras, cerrarás antes de 1 año y con tremendas deudas.

Otra respuesta:

- Tengo experiencia en determinado sector y estoy seguro que puedo hacerlo mejor que mis competidores u ofrecer algo diferente.

¡Genial!

Esto sí es un motivo válido para abrir un negocio. Tienes experiencia y pretendes aportar valor a tu oferta mejorando lo existente.

Una vez tengas clara esta parte y estés en la segunda respuesta, tu idea pasa a ser un proyecto y es hora de empezar a analizar su viabilidad.

¿Reúnes los conocimientos y la experiencia necesaria para desarrollar y gestionar tu negocio en la práctica?, ¿tienes pensado delegar aquellas cuestiones del negocio en las cuales no tienes conocimientos o experiencia? o ¿pretendes aprender a realizar todas las tareas tú mismo?

Antes de seguir adelante ten clara las respuestas y las acciones a tomar en caso de que no puedas desarrollar alguna por tu cuenta. Y…

- **Por qué voy a abrir un negocio**
- **Qué voy a ofrecer**
- **Cuánto voy a cobrar por ello**
- **Por qué comprarán mi producto en vez de otros de la competencia**
- **A quién va dirigido mi producto y/o Servicio**
- **Dónde lo voy a vender u ofrecer (Local físico, Internet o ambos)**
- **Cómo voy a hacerles llegar mi producto y/o Servicio**

Ok, una vez soluciones todas esas cuestiones y obtengas datos estadísticos, empecemos a crear el "negocio":

✓ **Plan de Negocio**

Estudio de mercado

Necesidades y carencias del entorno y situación socio-económica del mismo. En otras palabras, sabiendo lo que vas a ofrecer es imprescindible que midas con sumo cuidado dónde lo vas a ofrecer. Si vas a crear un negocio físico es importante que determines el lugar del mismo y que el lugar escogido tenga altas probabilidades de éxito, tener claro qué necesidades o deseos vas a cubrir y cuáles son los clientes potenciales en tu área de influencia.

Estudio de competencia

Una vez aclarado el punto anterior, analiza a tu competencia. Qué ofrecen, cómo lo ofrecen, qué precio tienen, por qué canales de comunicación lo ofrecen, qué ofertas o descuentos realizan, etc.

Estudio DAFO

Analiza cuáles son tus Debilidades y tus Amenazas y describe cuáles son tus Fortalezas y Oportunidades.

Establecer precios al producto o servicio

Ahora es tiempo de determinar el precio de tu producto o servicio. Te recomiendo que lo hagas siempre a través de escandallos.

Materia prima + mano de obra + gastos de servicios + materiales + empleados + gastos del negocio + % de Beneficios.

Es importante que establezcas precios justos, ten en cuenta que vender extremadamente barato siempre te hará perder dinero y vender extremadamente caro te hará perder clientes.

Plan de Marketing

Es imprescindible tenerlo actualizado durante toda la vida del negocio, debido a las constantes actualizaciones de la competencia, productos, servicios, tecnologías, tendencias, hábitos de los consumidores, etc.

- **Público objetivo**

Determina a quién va dirigido tu producto o servicio, y el por qué crees que te lo comprarán a ti y no a tu competencia.

- ## Canales de difusión

Determina los canales por los cuales vas a llegar a tu público Objetivo, físicos y Online. (A pie de calle, tv, radio, prensa, Internet.)

- ## Promoción y publicidad

Determina los medios y herramientas que vas a utilizar para llegar a un mayor número de clientes potenciales, con: letreros y reclamos, publicidad impresa, página web, Blog, Tienda Online, redes sociales, email marketing, App, marketing móvil, etc.

- ## Canales de distribución

Si tu producto puede enviarse, elige con qué compañía/s los vas a enviar y no olvides añadir el gasto en el escandallo (inclúyelo aunque lo asuma el negocio, recuerda que eso mermará los beneficios).

Estudio contable a un mínimo de 5 años vista

- ### Inversión necesaria

Detalle de la inversión inicial: infraestructura, materias primas, maquinaria, mobiliario, personal inicial, marketing y publicidad, etc.

- **Financiación** (Recursos propios y/o Capital externo)
- **Previsión de producción y gastos**

- **Previsión de ventas e ingresos**
- **Tesorería**
- **Balance de P&G**
- **Cálculo de punto de equilibrio**

Bueno, si has completado todo el proceso anterior de forma satisfactoria y has abierto puertas…

¡Has creado tu propio negocio!

¡Enhorabuena por la iniciativa!

Si no tienes experiencia en creación de planes de negocio te recomiendo que te apoyes en profesionales y asegurándote así un proyecto viable enfocado a las necesidades de tu negocio y a las de tu público objetivo.

Puedes encontrar información al respecto en nuestro blog de formación básica gratuita sobre marketing http://emcomsoluciones.es/blog/

Y si quieres, también podemos ayudarte y acompañarte en todo el proceso, solicítalo en info@emcomsoluciones.es

Veamos ahora qué es lo que suele pasar cuando se crea un negocio y cuáles son las estadísticas reales sobre la vida media de pequeños y medianos negocios.

Como ya he comentado antes, en muchas ocasiones se suelen crear como "Auto empleo" no como negocio, por desesperación y/o por necesidad, no por deseo empresarial y de superación. En estos casos no solo trabajan más horas que en un empleo convencional, sino que tampoco delegan ni contratan personal cualificado por ahorrar en salarios, y en la mayoría de estos casos cobran mucho menos de la mitad de un salario. Suelen cotizar por la base mínima sin tener en cuenta las desventajas, la mayoría factura por Módulos para no pagar en caso de obtener beneficios al ir por estimación directa, etc.

Por regla general no se es consciente de que llevar un negocio implica muchas más responsabilidades que tener un trabajo por cuenta ajena y no es tan fácil como se esperaban hasta que ya es tarde.

El 80% de los negocios pequeños desafortunadamente tienen una vida media de 1 a 5 años, periodo en el cual están ya en quiebra o con muchas deudas acumuladas por diferentes causas.

Falta de formación, poca experiencia en el sector empresarial, mal planteamiento en el plan de negocio, demasiadas expectativas a corto plazo, baja previsión de costes/ventas, inversión ajustada esperando beneficios pronto, poca o ninguna estrategia de marketing, descuidos (horarios desordenados o inestables, baja calidad de los productos y/o del servicio etc.).

El 10% supera la barrera de los 5 años llegando incluso a los 10 años pero poco más, por motivos similares al caso anterior. En muchas ocasiones el agobio por el exceso de horas de trabajo y el no poder o no querer contratar personal cualificado suele pasar factura, se desatiende el negocio, se baja la calidad del producto para ahorrar dinero, el servicio se deteriora, se acumulan facturas que no se pueden pagar, etc.

Solo el 10% de pequeños y medianos negocios superan la barrera de los 10 años de vida por reinversión o por ampliación en el mismo, nuevos canales de venta, introducción en canales de comunicación online y móvil, estrategias de marketing actualizadas y diseñadas a medida, etc. Ofreciendo en todo momento una imagen actualizada tanto del entorno como en sus productos, pero siempre con una visión adaptada a la vida cotidiana que les rodea y a las nuevas tendencias que surgen a diario.

Si el mundo evoluciona, tu negocio tiene que hacerlo también.

Teniendo en cuenta lo que acabas de ver, cuentas con una idea más clara de cómo hacer triunfar y perdurar tu negocio.

Todo éxito en la vida viene acompañado de un riesgo, grande o pequeño, pero riesgo al fin. ¿Qué sería de la vida sin los riesgos cotidianos a los que nos enfrentamos cada día en diferentes situaciones?

Pues que sería una vida insulsa, aburrida y sin valor. Y déjame decirte que no hacer lo que deseas por no correr riesgos, también es un riesgo…

Así que si tienes una idea, un buen producto o servicio, buen plan de negocio, el dinero para invertir, respaldo para aguantar un año como mínimo sin obtener beneficios, una visión creativa a largo plazo, una buena estrategia de marketing, de captación y fidelización del cliente…

¡Adelante!

Capítulo 3.1- Emprendedor Social

Esta opción cumple las mismas características y requiere seguir los mismos pasos que el emprendimiento tradicional pero…

¿Qué es el emprendimiento social?

El emprendimiento social hace referencia a un tipo de empresa en la que su razón empresarial es, en primer lugar, satisfacer necesidades de la sociedad en la que se desenvuelven.

No es la típica empresa privada del sector capitalista, su lógica no encaja ni en el paradigma de las empresas públicas del sector estatal, ni en el de las organizaciones no gubernamentales.

Los emprendimientos sociales son organizaciones que aplican estrategias de mercado para alcanzar un objetivo social.

El movimiento del emprendimiento social incluye tanto a organizaciones sin ánimo de lucro que utilizan modelos de negocio para alcanzar su misión, como a negocios cuyo propósito principal es de carácter social.

Su objetivo: Cumplir con objetivos que son al mismo tiempo sociales/medioambientales y financieros. Este objetivo es descrito como el "triple resultado": lograr al mismo tiempo desempeñarse en la dimensión social, ambiental y del beneficio económico.

Los emprendimientos sociales se diferencian de los emprendimientos comerciales en que sus objetivos sociales o medioambientales siempre se encuentran en el centro de sus operaciones.

En lugar de maximizar las participaciones de sus accionistas (reparto de beneficios), el principal objetivo de las empresas sociales es generar beneficios para impulsar sus objetivos sociales o medioambientales.

Dichos objetivos pueden lograrse de distintas maneras dependiendo de la estructura del emprendimiento social. El beneficio de un negocio puede destinarse para apoyar un objetivo social como por ejemplo: la financiación de la actividad de una organización sin ánimo de lucro o bien el emprendimiento puede dar cumplimiento a su objetivo social a través de su propia actividad empleando a personas excluidas, creando becas económicas para ese mismo sector o prestando sus beneficios a micro-emprendimientos con dificultades para acceder a préstamos de inversores corrientes.

Podrás ver que el emprendimiento social no es simplemente crear una ONG o utilizar tus recursos única y exclusivamente para ayudar a los demás, no.

¿De qué te sirve ayudar, si después resulta que tú eres el que necesita ayuda principalmente?

A este tipo de emprendimientos y también a las ONG, se les suele catalogar con el término "sin ánimo de lucro" pero no es totalmente cierto.

Los productos que vende una organización sin fines de lucro tienen costos, los empleados "a no ser que sean voluntarios" trabajan por un salario.

La única diferencia es, simplemente, que los beneficios de esa actividad después de descontar los costes que conlleva dicha actividad, no tienen otro destinatario que el objetivo social de la propia organización o negocio de carácter social.

Y en cambio en las empresas con fines de lucro, es esa ganancia la que se distribuye entre los dueños de la empresa.

En otras palabras, puedes crear una empresa y al mismo tiempo ayudar económicamente en causas sociales sin necesidad de crear una ONG.

Así que si quieres tener un negocio a la par que colaboras con una buena causa, este es tu modelo de negocio.

Si tienes un proyecto en mente y no sabes bien cómo lanzarlo, ¡podemos ayudarte!

Solicita información sobre nuestro "Programa Crowdfunding" en: info@emcomsoluciones.es

Capítulo 4. Comercial

En el mercado hay sinfines de ofertas de este estilo, pero, ¿por qué habiendo tantas ofertas de este estilo y teniendo el problema de la falta de empleo no se trabaja en este sector?

En primer lugar, porque no son muy claros en las condiciones de contratación y generan desconfianza de quienes buscan un empleo tradicional con cotización a la Seguridad Social y un salario fijo, puesto que la mayoría de estas ofertas no ofrecen esas condiciones, sino un contrato mercantil. Es cierto que tienes que tener mucho cuidado con este tipo de ofertas puesto que existen una gran cantidad de empresas falsas o de estafas que hay en el mercado aprovechando la "crisis". Pero este tipo de trabajos tienen sus ventajas.

Siendo comercial independiente puedes crear acuerdos comerciales con diferentes empresas y tener una cartera de productos relacionados entre sí o diferentes, ampliando así los sectores a los que dirigirte, ampliando tus posibilidades de venta.

En lo que se refiere a la cotización y pago de impuestos no se diferencia mucho de un trabajo por cuenta ajena aunque en principio no se vea de esa manera.

En primer lugar eres tú quien cotiza directamente a Seguridad Social, y quien decide por cuanto quiere cotizar. Sí, es cierto que ser autónomo es mucho más difícil que ser empleado y que para acceder a prestaciones de desempleo en caso de cese de actividad es más complicado porque es la mutua quién la paga… Pero también es cierto que existe la modalidad de "Autónomo dependiente", que es aquel que depende de una única empresa para obtener sus beneficios y que la cosa cambia a ser autónomo independiente como sería en el caso de tener un negocio propio.

En Octubre de 2017 se lanzaron unas mejoras urgentes para trabajadores autónomos. No está a gusto de todos pero creo que por algo se ha de empezar. Te dejo el enlace al documento Oficial para que le puedas echar un vistazo.

https://www.boe.es/boe/dias/2017/10/25/pdfs/BOE-A-2017-12207.pdf

¿Qué es un contrato mercantil?

Un contrato mercantil es la relación entre una empresa y un trabajador por cuenta propia (Autónomo), que presta sus servicios profesionales de forma totalmente independiente a la empresa que lo contrata. Puede ser en exclusividad o sin ella, pero con acuerdo previo sobre las condiciones tanto en cantidad fija pactada o del porcentaje por dicha exclusividad, independientemente de las comisiones por venta. El trabajador autónomo por lo general trabaja de la forma que mejor le convenga, utilizando o no los recursos de la empresa según acuerdo y conveniencia de ambas partes. No tiene obligación de cumplir un horario ni tiene ninguna obligación de pasar reportes diarios a superiores a no ser que quede pactado en el contrato previo. Si vende cobra una comisión previamente pactada y si no vende pues no cobra.

Ahora toca ser realista…

(Esto también va destinado para los emprendedores)

Si trabajas con un contrato laboral por cuenta ajena y tu sueldo neto es de 1200€, tu cotización bruta que sería 1.620€ aprox. pero el empresario paga un total de 2400€ aprox. por tenerte en plantilla. Eso independientemente de que el negocio vaya bien o mal, a lo que además tiene que sumarle su propia cotización.

Si contamos con una cotización como autónomo y decides pagar la cuota mínima 267,04€ mensuales + pongamos un 3% de cobertura de accidentes + un 1,7% para cubrirte por cese de actividad (267,04 + 8,01+4,54) hace un total de 279,59€ de cuota mensual y tu cotización bruta es de unos 906,10€ aprox. (el importe a tener en cuenta para cobrar la baja o el paro)

¿Verías lógico cobrar lo mismo de baja o de paro que un empleado por cuenta ajena que cotiza por 1.620€?

¡No!

Indiferentemente del volumen de ventas que hagas para la empresa, siempre cobrarás lo mismo siendo un asalariado, pero en cambio si eres autónomo y cobras a comisión, siempre tendrás la opción de cobrar mucho más en dependencia de tu esfuerzo y de tu volumen de ventas. Si quieres tener una mayor base de cotización puedes aumentar tu cuota de Autónomo en función de tus ingresos, para asegurarte una mejor y mayor prestación en caso de baja, cese de actividad o jubilación.

Los pagos trimestrales también tienen sus pros y sus contras. ¿Módulos o estimación directa?

Tu asesoría te dirá cuál es la diferencia y siempre te aconsejará la mejor opción en función de tu actividad y de los ingresos que se prevean tener.

Hay empresas que prefieren hacer contratos laborales a comerciales y pagar un sueldo sin comisiones, pero eso entraría en el primer ejemplo de opciones laborales (trabajos por cuenta ajena), o que ofrecen un sueldo base + comisiones. Esta opción siempre es con un mínimo de ventas estipuladas y a partir de esas ventas cobrarías un porcentaje, en este caso sería una mezcla de los dos pero en la misma opción de trabajador por cuenta ajena. Ojo, también con este tipo de contratos "llegues o no al mínimo de ventas acordadas, la empresa está obligada a pagarte el salario pactado o en su defecto la parte proporcional de las comisiones por las ventas realizadas según se pacte en el contrato inicial".

Para mí la mejor opción es empezar como comercial autónomo siempre con formación previa sobre el producto o servicio a distribuir. Esta opción te da la posibilidad entre otras muchas, de medir y mejorar tus cualidades y capacidades en ventas, comunicación, escucha activa, atención al cliente, persuasión, etc.

Aunque no te lo creas esas cualidades te hacen falta a diario y a lo largo de toda tu vida, porque para todo en la vida hay que saber venderse, ¿no te lo crees?

Veamos…

Si quieres conseguir un trabajo en concreto ¿Qué tienes que hacer?

Entregar un CV ¿no?, ¿y qué te crees que es eso?

Eso amigo mío es la carta de ventas de tus conocimientos, habilidades y de tu experiencia profesional.

Si no está pulido y bien detallado posiblemente lo desechen, pero si está bien confeccionado y es atractivo para las empresas, pasarás a una entrevista de selección y…

¿Qué es lo que haces en una entrevista de trabajo?

Rematar la venta de tus cualidades presencialmente, si en este paso fallas por mentir en el CV, nervios o por inseguridad en ti mismo ¡has perdido el trabajo!

Esta es solo una de las tantas veces que tenemos que vendernos a nosotros mismos para obtener aquello que deseamos y demostrar que somos la mejor opción sin duda a aquellas personas que queramos convencer de que confíen en nosotros.

Bueno, imagino que ya habrás entendido que si no eres un buen vendedor de ti mismo, difícilmente obtendrás todo aquello que deseas conseguir en la vida en general.

¿Que hay mucha competencia? Sí claro, la competencia en este sector es brutal, pero… ¿En qué sector no hay competencia?

La gente tiene mal visto este sector, pero en realidad el problema no es la venta en sí lo que está mal visto, sino la actitud que adoptan muchos comerciales a la hora de vender sus productos o servicios.

Muchas veces ¡raya el acoso! y eso es lo que la gente repudia.

Para poder vender eficazmente y sin traumas por los desprecios, tienes que descubrir la necesidad de tu posible cliente y cubrir dichas necesidades ya sean reales o latentes y nunca demostrar que necesitas hacer esa venta sí o sí.

Un buen comercial tiene que tener la suficiente habilidad psicológica para encontrar la forma de hacerle ver al cliente esa necesidad sin obligarlo a comprar y sin que se sienta acosado.

El modelo de venta tradicional, suele ser más agresivo, y es el que por norma general, la gente odia.

Los comerciales que lo emplean obtienen menos porcentaje de ventas o suelen quemarse en poco tiempo.

En cambio el modelo de venta consultiva no solo es más eficaz a la hora de cerrar ventas, sino que es menos agobiante tanto para el vendedor como para los posibles clientes.

Te voy a poner un ejemplo…

El Comercial que utiliza el modelo de venta consultivo no lleva los productos consigo.

Hace un tanteo inicial de la zona y el mercado objetivo, se relaciona, observa, habla con los posibles clientes y encamina la conversación sobre temas relacionados con su producto.

Ejemplo:

Si lo que quiere vender son aspiradoras sin cable, muy ligeras y potentes, hablará sobre la limpieza, ácaros, el pelo de las mascotas, niños en casa, alergias, etc.

(Con esa estrategia obtendrá más información de la que obtendría si te presentas con la aspiradora en la mano, que es lo que haría un vendedor con el modelo de ventas tradicional).

También hablará sobre las consecuencias a largo plazo de no usar artículos de calidad y que aseguren su salud. De modo desinteresado, amablemente, se ofrecerá a hacer una demostración gratuita y sin compromiso de su producto… ¿A quién no le gusta que le limpien gratis?

Quizás no pueda hacer la demostración en ese momento pero tiene que asegurarse de cerrar una cita con el posible cliente y nunca dejar preguntas en el aire como…

¿Cuándo le va bien que venga a hacerle la demostración? Si no...

Con la agenda en la mano:

¿Le va bien esta tarde o mañana? ¿Tal día o cual día?, ¿Le va mejor por la mañana o por la tarde?, ¿A qué hora le va mejor, a esta hora o a esta otra?

Si te fijas todas las respuestas están calculadas, sabes exactamente qué es lo que te va a contestar porque solo le estas dando dos opciones.

Nuestro cerebro funciona casi siempre de forma mecánica cuando tenemos varias opciones de respuesta, instintivamente elegiremos una automáticamente sin buscar una tercera opción, y además no le das opción a decir:

"No, o déjame tu tarjeta, ya te llamaré."

Si por aquella de las casualidades (que también pasará) te dicen eso, quiere decir que seguramente nunca te va a llamar, así que puedes olvidarte de ese posible cliente en ese momento.

No lo has perdido del todo pero en ese momento no insistas.

Ofrécele pasar en otro momento y pon cualquier excusa para poder visitarlo en vez de que te llame. Si en ese momento sigue con la negativa olvídate de él, no insistas y tranquilamente le contestas "ok, no hay problema, cuando usted lo vea conveniente estaré encantado de atenderle. Un saludo y adiós."

Si no insistes como hacen la mayoría de vendedores, estarás dejando al cliente sorprendido porque ya te ha demostrado su reacción, que no le interesa, pero aun así espera que sigas insistiendo para enfadarse o ponerse grosero, que es lo que suele pasar normalmente, pero al reaccionar de forma distinta a la que está acostumbrado, lo dejarás pensando en ti y en lo que le has ofrecido y entonces… ¡Sí tienes posibilidades de que te llame en otro momento!

Llegamos al tema Precio… Lo importante es el cliente no lo que vendas. Y lo que tienes que hacer es maximizar el valor del producto ofrecido para que su cerebro piense en un precio elevadísimo. Si consigues que piense que vale mucho más de lo que en realidad vale (y eso lo puedes hacer conociendo otras marcas más caras y hablando del precio de artículos similares sin mencionarlas y haciendo partícipe de la conversación al posible cliente), cuando le digas el precio le parecerá mucho más barato de lo que pensaba.

El porcentaje de ventas exitosas con este método es un 80% más efectivo que con estrategias agresivas.

¿Por qué? Porque nos encanta que se preocupen por nosotros, cuando se nos trata de forma respetuosa y agradable somos más dados a escuchar, contestar y permitir que se nos enseñe lo que tienen para ofrecernos, que cuando vemos a la legua que nos quieren vender la moto.

Este mismo método lo puedes utilizar con cualquier producto que quieras vender, solo tienes que encontrar la necesidad de tu posible cliente y ofrecerle ayuda para resolver dicha necesidad, dificultad o deseo.

Podría extenderme mucho más hablando sobre el tema pero este libro trata de diferentes opciones laborales no de técnicas de venta así que prefiero que veas más opciones.

Si te ha gustado este capítulo, no le tengas miedo a las ventas, recuerda el ejemplo y si en vez de querer vender, ayudas a la gente a cubrir necesidades te verán y lo verás de otra manera. Seguro que al final te gusta más ayudar que intentar vender. Si el producto te gusta y la empresa ofrece buenas comisiones adelante.

¡¡ Atrévete a probar!!

Capítulo 5. Franquicias

Las franquicias son los negocios con más alto porcentaje de éxito que las opciones descritas hasta ahora y además tenemos franquicias de todo tipo: Moda, calzados, belleza, comida casera, bocadillos, hamburguesas, pollo, pinchos, tapas, etc.

Adquirir una franquicia es invertir en ideas y metodologías que otras personas han inventado, han puesto en práctica y han obtenido éxito. Posteriormente ofrecen participaciones en sus negocios mediante las franquicias, lo cual no solo te ofrece la oportunidad de trabajar con su marca a cambio de un precio y asegurarte un éxito sino que además ellos consiguen llegar mucho más lejos aumentando así el reconocimiento y éxito de su marca.

Esas personas crearon un producto, un procedimiento o simplemente una metodología y aplicaron una estrategia de marketing "duplicable".

El producto y/o servicio quizás es de lo más sencillo y podríamos encontrarlo en cualquier otra parte de mejor calidad, pero la estrategia de marketing empleada y una red independiente de distribución que siguen al pie de la letra esa misma estrategia, hacen que sus servicios o sus productos parezcan los mejores del mercado y que tengan un altísimo porcentaje de éxito. **(Presentación, Atracción, Fidelización y Duplicación)**

Un ejemplo muy simple:

No decimos que vamos a comer una hamburguesa, sino "Vamos a McDonald's o Burger King o X".

Y no será porque las hamburguesas que vende el restaurante de la esquina sean malas ¡NOO! Y además posiblemente estén muchísimo más buenas, sean de mucha más calidad, mucho más baratas y te la sirven en la mesa…

Realmente da igual lo que vendan, lo que importa en este caso es la estrategia de marketing que emplean para que siempre la recuerdes.

Como te decía al principio del capítulo, esta opción de negocio tiene un alto porcentaje de éxito en el mercado y eso es debido a su cuidadosa estrategia de Marketing (**Presentación, Atracción, Fidelización y Duplicación**). Concretamente tiene un 90% de probabilidades de perdurar en el tiempo y obtener mayores ingresos.

Ahora veamos qué necesitamos para adquirir una de estas franquicias que nos pueden hacer millonarios…

Ya que lo he mencionado anteriormente, pongamos el ejemplo de qué necesitas para adquirir una franquicia de McDonald's. (Aunque si buscas, encontrarás otras muchísimo más baratas y sin tantos requisitos)

1º Tienes que tener nivel de estudios superiores en administración de empresas como mínimo, experiencia laboral como director de empresas o similares, no tener otros negocios ni socios, pasar por una formación teórica y práctica en su universidad de la hamburguesa durante 1 año.

2º Examinarte tanto en teórica como en práctica y aprobar para poder acceder a la franquicia. Si no apruebas quedas descartado y no puedes comprar la franquicia.

3º Si apruebas tienes que tener un fondo de inversión propio de entre 75.000 € y 300.000€ para comprar los derechos de la franquicia.

No pueden ser ni préstamos bancarios ni de socios, tienen que ser fondos propios (ahorros), tener un local que cumpla las expectativas de la franquicia, tanto por situación como por amplitud o características que la propia empresa exija.

4º Una vez hayas superado los filtros ya mencionados, ellos ponen el mobiliario, los uniformes, la publicidad y las normas a seguir en el establecimiento. Te proveerán directamente todos los productos, y deberás seguir al pie de la letra su estrategia de marketing y normas de calidad en el establecimiento y con el personal.

Recibirás controles periódicos sin previo aviso de inspectores de la misma empresa para comprobar que todo está en orden según las normas de la marca. Si no las cumples puedes perder tu franquicia.

5º Cada año deberás dar un porcentaje de tus ganancias a dicha marca por utilizar su nombre y su estrategia de ventas.

Teniendo en cuenta el alto porcentaje de éxito que obtienen ciertas franquicias, si se superan todos los requisitos bien merece la pena la inversión. He puesto como ejemplo una empresa que tiene un estándar de calidad muy elevado a la hora de seleccionar candidatos para sus franquicias, pero si esta opción te ha gustado, puedes encontrar algunas en http://franquicias.net o páginas similares.

Capítulo 6. Residuales

El tipo de ingresos residuales o pasivos son aquellos en los que tú no tienes que estar realizando el trabajo constantemente para cobrar, sino que aunque te dediques a otra cosa seguirás cobrando de lo anteriormente ya realizado y no depende de cambiar tu tiempo por dinero. Alguno de los casos son los derechos de autor, los creadores de las franquicias, etc.

Esta clase de personas hacen el trabajo una sola vez, aunque con eso no quiero decir que por una sola vez sea en un momento… Pueden pasar años hasta que se conozca su obra, sea reconocido su talento, su producto, etc. O incluso que no lleguen a cobrar ellos mismos sino sus herederos por el trabajo realizado.

En el caso de que ese reconocimiento y éxito suceda en vida, cobrarán el resto de sus vidas Ingresos Residuales cada vez que se venda un disco, se utilice una partitura, se reproduzca una película, se venda un libro, un juego, un programa informático, una App, un curso de formación, una hamburguesa, etc. (Siempre y cuando no vendan sus derechos de imagen o de autor a terceros)

Aunque dejen de trabajar, se pongan enfermos o se jubilen, seguirán cobrando, y cuando fallezcan, esos derechos pasan a sus herederos, así que pueden estar manteniendo a su familia muchas generaciones.

Si tienes algún talento oculto ¡¡sácalo del cajón!!

Nadie sabrá lo que vales o lo que tienes para ofrecerle al mundo si no lo enseñas…

Y si necesitas ayuda no dudes en consultar por nuestro "Programa Crowdfunding" y te ayudaremos a llevarlo adelante: info@emcomsoluciones.es

Capítulo 7. Grandes empresarios

Los grandes empresarios se distinguen de los Profesionales, Autónomos o Pymes, porque ellos crean negocios para que otros los dirijan, como por ejemplo los creadores de las franquicias.

Para ello no tienes que tener un capital desorbitante, solo necesitas una idea, un producto que ofrecer, una buena opción con beneficios para todos y una buena estrategia de marketing.

En este caso podría contarte la historia de cientos de personajes famosos como Disney, Tomas Alva Edison, etc., etc. Pero voy a contarte la historia de Kentucky Fried Chicken, para que te des cuenta de que cualquier persona puede alcanzar el éxito aun estando en la más absoluta miseria:

Nacido en 1890 en una humilde familia de ascendencia irlandesa, Harland Sanders, el mayor de tres hermanos, comenzó su infancia de una trágica manera, ya que tan solo a los cinco años tuvo que lamentar la pérdida de su padre.

Esto trajo consigo que a temprana edad comenzara a trabajar en la granja familiar, y también por supuesto, a cocinar.

Lamentablemente su desgracia no se detendría ahí, ya que fue forzado a dejar su casa a los 12 años tras sufrir constantes malos tratos por parte de su padrastro.

Viviendo ya en la casa de sus tíos, solo tres años más tarde, cometería su primera "locura" al adulterar sus documentos y enrolarse en el ejército de Estados Unidos.

Terminado su servicio, se mudó a Alabama donde contrajo matrimonio, tuvo hijos y estudió leyes por correspondencia. Comenzaba a vislumbrarse la mejor versión de Sanders.

En esta etapa tuvo múltiples empleos, pasó de operador de botes a vendedor de llantas, de granjero a corredor de seguros, pero finalmente el rumbo comenzaría a tomar sentido cuando emprendió con el negocio de las bombas de bencina. Y no precisamente por el petróleo.

Comenzó a cocinar a todos los viajeros que pasaban por la ruta y el buen sabor de sus preparaciones rápidamente se propagó a través del boca a boca. Una de sus particularidades, era que Harland atendía a sus comensales en su propio comedor.

De esta manera, su popularidad llegó a tal punto que el gobernador de Kentucky lo nombró "Coronel del Estado Honorífico", por su contribución a la cocina de la región.

Dicho reconocimiento sería un impulso fundamental para que 12 meses más tarde abriera su primer restaurante. (Hoy se conserva como museo)

Logró consolidar su propia receta de pollos fritos con 11 hierbas y especies que patentó en 1940.

Lamentablemente para el Coronel, la autopista que pasaba por donde funcionaba su restaurante sufriría grandes cambios, producto de la creación de otra carretera.

Esto lo obligaría a vender los terrenos y quedarse solo con 100 dólares para subsistir.

A los 62 años, Sanders tendría que ponerse nuevamente en pie.

Al poco tiempo, logró abrir un nuevo restaurante en Salt Lake City y comenzó una travesía por todo el país ofreciendo su franquicia de pollos fritos.

El trato era sencillo, si les gustaba su receta, el Coronel cobraría 1 centavo por cada plato de pollo vendido. Solo 2 años más tarde, en 1964, Sanders tenía 600 establecimientos con sus productos en EE.UU y Canadá.

Dicho año vendería sus acciones a un grupo de inversionistas por $2 millones de Dólares y se quedaría trabajando en la empresa en el área de relaciones públicas y con un sueldo vitalicio.

Ahí consolidaría su particular imagen que hoy es reconocida en gran parte del mundo.

Como verás no hace falta haber nacido en cuna de oro para ser un gran empresario, sino deseo de triunfar, algo de calidad que ofrecerle al mundo, una buena estrategia de marketing y mucha perseverancia.

Cualquier negocio puede transformarse en una franquicia. ¿Es tarea fácil? No, para nada, no se puede avanzar si andamos atados a una situación que no avanza o en realidad es que no hacemos nada para cambiarla. Damos vueltas siempre alrededor de las mismas decisiones y acciones intentando conseguir resultados diferentes, y lo cierto es que si queremos que sucedan cosas diferentes, tenemos que pensar y actuar de forma diferente.

En muchas ocasiones es solo cuestión de darle a nuestra situación un enfoque externo, y con externo quiero decir que nos pongamos a pensar en nuestro problema como si tratásemos de ayudar a un familiar o amigo. De esa forma nos será mucho más fácil resolver la situación, dado que se nos da mejor arreglar problemas ajenos que propios. Sí, a todos nos pasa, cuando se trata de arreglar la vida de los demás somos mucho más elocuentes y nos atrevemos (siempre intentando ayudar) a juzgar y dar soluciones. "Cuando algo no nos duele en propia carne podemos pensar con más frialdad y tomar decisiones más arriesgadas."

Capítulo 8. Inversionistas

Son aquellas personas que utilizan el dinero para generar más dinero pero sin tener que trabajar personalmente. ¿Qué quiero decir con esto?

Que en vez de trabajar por dinero, ponen a trabajar el dinero para ellos. ¿Cómo?

Comprando propiedades para rentarlas o revenderlas a mayor precio, invirtiendo en bolsa, comprando acciones de grandes empresas o ya mucho más actual invirtiendo en nuevas tecnologías…

Mucha gente considera que comprar una casa para vivir es una inversión, pero en realidad una vivienda habitual o vacacional no te da beneficios, puesto que cada mes te genera unos gastos: impuestos, suministros, mantenimiento, tasas, etc.

Ahora bien, comprar propiedades para rentar sí te da beneficios, porque no solo el inquilino paga los gastos comunes de la vivienda sino que te aporta beneficios cada mes.

También se pueden compra propiedades en mal estado a bajos precios para reformar y revender multiplicando así sus beneficios.

Eso sí es invertir.

Para ser inversor no hace falta disponer de un gran capital para empezar, aunque sí es cierto que los expertos siempre recomiendan invertir aquello que te puedas permitir perder, (como máximo un 10% del dinero destinado a ahorros) y si se obtienen beneficios, ir reinvirtiendo las ganancias.

De lo que se trata es que el dinero se mueva y vaya generando ingresos pasivos.

¿Es arriesgado invertir? Si quieres obtener grandes beneficios, el riesgo siempre será más alto, pero si lo que pretendes es obtener pequeños beneficios a largo plazo, el riesgo se minimiza muchísimo.

El dinero en una cuenta de ahorros te da un muy bajo interés y hacen falta muchísimos años para ver algún tipo de ganancia considerable, lo único que eso te da es la seguridad o supuesta seguridad de que tu dinero está bien guardado y no arriesgas nada.

Pero al no arriesgar, tampoco vas a hacerte millonario con los intereses que te da el banco por no tocar tu dinero.

Aunque tú no lo sepas, el dinero que tú depositas en el banco a plazo fijo, no se queda quieto, ellos sí invierten y mueven ese dinero, de ahí las comisiones que te ofrecen por no tocarlo durante ese periodo de tiempo.

Ese tiempo que tú tienes a plazo fijo tu dinero, es el tiempo que el banco dispone de ese capital para trabajar con él sin que tú decidas retirarlo, y si necesitas o decides retirarlo antes de tiempo, por regla general tienes una penalización. Esa penalización es por el mismo motivo, has hecho perder al banco mucho dinero y de alguna manera se lo tienen que cobrar.

Estos últimos años los inversores más avispados y arriesgados han empezado a moverse en el mundo de las criptomonedas, siendo este como dicen los expertos, el futuro del dinero. No sé si serán el futuro o no, pero cuando los bancos como BBVA, Santander y grandes empresas se han interesado y están invirtiendo en él, algo se huelen.

En España también hay lugares donde se acepta esta forma de pago y cajeros automáticos. Por ejemplo, en Madrid hay una calle completa de comercios, cerca de la calle Serrano, en la que desde 2014 se aceptan Bitcoin. Y así poco a poco se va extendiendo por todas las ciudades de España. Esto no es una moda pasajera ni una burbuja y aunque esta nueva forma de intercambiar valor esté en pañales, es una realidad y ha venido para quedarse.

Para los que no estén muy o nada familiarizados con el tema de las criptomonedas, voy a dar un par de pinceladas al respecto:

La primera criptomoneda nació en 2009 y no adquirió valor hasta mediados de 2010.   Hoy en día un Bitcoin puede superar los 5.500€ habiendo llegado a los más de 20.000€ a finales de 2017. Sus altibajos se deben, como dije antes, a que está todavía en pañales. El desconocimiento, las estrategias de altas inversiones para obtener grandes beneficios en cortos periodos de tiempo por parte de grandes empresarios y compañías, hacen que su valor real sea por el momento muy volátil. Existe una media de 300 nuevas criptomonedas. Todas basan su valor en Bitcoin por ser la primera, y ahí va la cosa aumentando…

Bueno, estas monedas digitales sirven como un medio de intercambiar valores sin costosas transacciones bancarias, agilizar la rapidez y bajar el costo de intermediarios, impuestos, etc. Descentralizadas de cualquier entidad económica o financiera, país o gobierno. Sin necesidad de un sistema informático u ordenador central para poder funcionar. Podría decirse que las criptomonedas viven en Internet, y que solo apagando Internet a nivel mundial podrían desaparecer completamente.

Una criptomoneda no es una moneda corriente que se pueda palpar, es un algoritmo matemático controlado y verificado por miles de usuarios en la red a través de un libro de contabilidad global donde quedan reflejadas y guardadas todas y cada una de las transacciones realizadas en tiempo real. Estos usuarios llamados mineros se encargan de verificar cada una de las transacciones y asegurar así la veracidad de las mismas.

La red de criptomonedas en Internet utiliza un nivel de cálculo matemático descomunal.

Actualmente nadie podría construir un ordenador capaz de centralizar semejante nivel de procesos.

Después de creada, una moneda adquiere valor a medida que sus transacciones aumentan y su usabilidad en el mercado es práctica, segura y eficaz; si no existiesen las transacciones, dicha moneda perdería su valor y desaparecería.

Fiscalidad e impuestos para Bitcoin:

Las primeras preguntas que surgen son…

¿Es legal?

Definitiva y rotundamente SÍ

¿Al ser una moneda descentralizada sin control del gobierno o la casa de moneda y timbre, quién le da valor?

Nosotros, los millones de usuarios que controlamos y usamos las criptomonedas como forma de pago a nuestros servicios o compramos servicios a otros usuarios pagando con esta moneda virtual.

Y… ¿Cómo se declaran las transacciones en Bitcoins, qué impuestos tengo que pagar si aumenta su valor y yo gano dinero?

La respuesta por el momento es simple, al ser una moneda descentralizada de uso único y exclusivo por Internet. Para hacienda o los bancos la moneda no tiene valor físico hasta que no se convierta en moneda de curso real y legalizada por la cámara de moneda y timbre. Esto no quiere decir que no tenga valor real o que no sea legal su utilización, sino que si el dinero permanece en un monedero virtual y todas las transacciones son online, no está considerado como transacción sino como un cambio de monedero a monedero; en ese momento no se pueden considerar como ganancias o pérdidas.

Solo cuando decidamos transferir el dinero a una cuenta bancaria, se tendrán que abonar las comisiones pertinentes, incluir las pérdidas y ganancias en la declaración de la renta y pagar, en su caso, los mismos impuestos que en una transacción corriente.

Algo que sí quiero dejar claro es que, al igual que con el dinero físico hay cientos de personas y empresas que se dedican a estafar, en el mundo digital pasa exactamente igual. Para invertir en alguna empresa, comprar o pagar algo a alguien tienes que estar seguro de que son reales, veraces y legales.

Os paso un enlace de Youtube con un vídeo muy corto de hace unos meses para que tengáis mejor idea sobre el tema, porque si no tendría que escribir otro libro para explicarlo jeje https://www.youtube.com/watch?v=M1zjES4OdUM

Capítulo 9. Network Marketing

El Network Marketing, por el contrario de lo que mucha gente piensa, es una magnífica opción de llegar a donde te propongas con muy bajo riesgo.

Creas tu propia empresa pero en calidad de inversor, puesto que estás invirtiendo en ideas de otros. Compras una franquicia unipersonal de la compañía con la que elijas trabajar, con la estrategia de marketing de una franquicia tradicional y los ingresos ilimitados de un comercial, ya que cobras comisiones por ventas propias.

Y además, ingresos recurrentes por las ventas de tu equipo de ventas si decides crear una carrera dentro de la empresa. Y todo esto por menos de 50€

Se lo que estás pensando en estos momentos…

Si eres de los que opinan que son estafas piramidales porque solo ganan los que entraron primero, o has intentado crear tu negocio con esta modalidad y no salió bien por X motivos, te diré que no eres el único. A mucha gente le ha pasado lo mismo, incluida yo.

En 1997 tuve mi primer contacto con el Network Marketing, pero si te soy honesta no me terminó de convencer la forma en la que conocí esta industria y no le presté mucha atención al modelo de negocio de la empresa con la que empecé, pero sí probé los productos porque me parecieron de calidad y con precios justos. De hecho hoy en día los sigo consumiendo porque me encanta la calidad y los precios.

Fue unos años más tarde cuando conocí a una persona que me hizo darme cuenta que no había conocido esta industria de la forma adecuada.

Por primera vez conocía a una persona que vivía única y exclusivamente de su negocio multinivel (Network Marketing), aunque ella no es la única pero al resto no los conozco personalmente.

El resto de las personas que había conocido tenían trabajos alternativos, aunque llevaran ya varios años dentro de la industria.

Lo que en realidad no entendía era, ¿por qué si supuestamente esta industria te da la oportunidad de crear tu propio negocio, la gente, después de un tiempo de adaptación, formación y posterior crecimiento no dejaban sus puestos de trabajo para dedicarse a su negocio? Y como mi cabeza trabaja como la de un niño lleno de inquietudes por aprender, empecé a investigar todo lo relacionado con la industria, y por qué la gente no se la tomaba en serio, al punto de dedicarse únicamente a este modelo de negocio.

Asistí a todas las conferencias y formaciones que la empresa con la que me asocié ofrecía de forma gratuita y también a las de muchas otras empresas para ver qué diferencia había entre ellas aparte, en algunas ocasiones, de los productos.

Probé en varias compañías con diferentes productos y me di cuenta de que lo que las diferenciaba era la marca, el plan de compensación o el producto al igual que en cualquier empresa tradicional. Pero lo que también vi fue lo que tenían en común todas ellas:

La forma en la que muchos asociados independientes atraían a los nuevos posibles asociados y que el 90% de los que entraban esperando hacerse ricos en poco tiempo por el tema de la duplicación y el apalancamiento, se marchaban con la misma facilidad.

La emoción y el entusiasmo que el ponente de dichas conferencias y sus ejemplos vivientes ponían en las presentaciones haciendo ver a los nuevos asistentes lo fácil que es ganar dinero en esta industria, es increíble, pero nada más lejos de la realidad.

Las personas que ingresaban al negocio con la mayor de sus ilusiones se marchaban, como ya he mencionado antes (el 90%), con la misma facilidad y en poco tiempo; sin haber obtenido prácticamente ningún resultado, desilusionados y, en muchas ocasiones, sintiéndose estafados.

Aunque las propias compañías te repiten constantemente el proceso que debes seguir para crear tu propio negocio (formación sobre el producto, sobre el plan de negocio, beneficios, técnicas de venta, captación de clientes y asociados, etc., etc.) en esas reuniones de oportunidad prácticamente nadie habla sobre las dificultades reales y solo hablan de lo fácil y rápido que es conseguir hacer dinero y de emplear el 90% de entusiasmo y perseverancia.

Todos sabemos recomendar aquello que nos gusta, pero… Hacerlo tu medio de vida y trabajar como distribuidor independiente es diferente y requiere de formación específica. Y no porque las empresas no lo digan o no den formaciones sobre los productos sino porque les es más fácil decirte que traigas gente ingresando al negocio con un paquete de inicio rápido y que luego lo vendas, que decirte que no solo los nuevos asociados te darán todos los ingresos y que necesitas un volumen de ventas personal y de equipo para poder acceder a las comisiones.

Ah espera, que te dicen que vender es opcional… Ese es el primer error.

Mirándolo desde la perspectiva profesional y lógica como empresaria, el entusiasmo y emoción es imprescindible para empezar cualquier actividad ya sea profesional o personal, pero siempre controlado y objetivo.

En este capítulo te demostraré los grandes beneficios que tiene esta industria en muchos aspectos y al final de este capítulo estoy segura que te va a gustar esta visión de la industria.

En primer lugar analicemos qué es una empresa tradicional y una de venta directa:

Una empresa tradicional paga a la fábrica la creación de sus productos, a no ser que tengan fábrica propia.

Los promocionan por los medios tradicionales: TV, Radio, Prensa escrita, folletos, catálogos, internet, etc.

Los vende a mayoristas, los cuales los venden a minoristas y por último llega al cliente final que eres tú.

En este modelo tradicional de distribución, el coste del producto puede incrementarse más o menos en un 3000% del valor de fabricación. Aunque no es exacto porque cada canal aumenta el porcentaje que cree conveniente para su beneficio y los gastos de impuestos van en dependencia del producto. Normalmente para hacer un cálculo de a cuánto hay que vender un producto para que dé beneficios es multiplicando el coste por 3: Si el producto de fábrica cuesta 2€ el fabricante debería venderlo al mayorista a 6€, el mayorista debería venderlo al detallista a 18€ y el detallista al consumidor final a 54€.

(Estos son cálculos aproximados)

¿Por qué se debería aumentar el coste X 3?

1 parte para pagar el coste del producto.

1 parte para gastos de publicidad, impuestos, mano de obra, gastos del negocio.

1 parte de beneficios.

El coste de fabricación, almacenaje, transporte, publicidad, lo que gana el mayorista y lo que gana el minorista lo está pagando el cliente final: tú.

Aun sabiendo que estás pagando mucho más de lo que en realidad vale, lo pagas con gusto porque lo compras en una tienda; gracias a tu compra y a la de miles de personas más se crean puestos de trabajo y es lo normal.

Lo malo de este canal de distribución es que si recomiendas el producto porque te gusta, te sienta bien o por lo que quieras, nadie te agradece nada y no obtienes beneficios de ninguna clase.

A no ser que te ofrezcan una comisión por recomendación directa "sistema de afiliados".

(Sin multinivel, cobras comisiones solo por las personas recomendadas personalmente)

Por otro lado, en ninguna ocasión se nos ocurriría pedirle al dueño de la empresa que fabrica los productos o al resto de cadena de distribución y venta explicaciones sobre si tiene dada de alta la empresa en hacienda o si cumple con la normativa vigente sobre la venta y distribución de sus productos o si sus trabajadores tienen contratos legales y cobran de acuerdo con su categoría y su convenio.

Ya damos por sentado que lo tiene todo en regla (muy mala suposición, ya que hoy en día las mayores estafas las cometen grandes, medianos y pequeños empresarios por ahorrar en materias primas, mano de obra e impuestos).

Pero en el sector del Network Marketing sí se pide que demuestren todo tipo de características por desconfianza de su legalidad.

El sector tradicional evidentemente tiene que seguir existiendo puesto que si desapareciese también quedaría mucha gente en el paro y eso no le interesa a nadie, pero no por ello tiene por qué ser la única forma de comprar.

La competencia siempre es buena porque nos empuja a mejorar nuestros productos, servicios, atención al cliente, etc. Y si encima podemos obtener beneficios por consumir (descuentos), por recomendar o por difundir sus productos pues mejor que mejor…

Una empresa de venta directa tiene exactamente la misma base legal que una tradicional pero han optado por un sistema de distribución más antiguo, que es el de la recomendación por el boca a boca.

¿Cómo se calcula en este caso el coste de un producto y como reparten las comisiones?

Pongo un ejemplo de una empresa real de venta directa y multinivel (Network Marketing).

Vendemos productos de una empresa de venta directa por valor de 140€ PVP.

El desglose sería:

Suponiendo que obtienes un descuento como asociado del 40% de descuento (56€), pagas a la empresa 84€.

De esos 84€ la empresa descuenta un 30% de gastos de producción y manufacturación = 25,20€.

De los 58€ restantes la empresa destina un 43,7% (25.35€) al plan de compensación (en caso de multinivel).

Y se queda como beneficio para la empresa el 56,30% restante (32.65€).

Si la misma compra de productos se distribuyeran en el modelo de venta tradicional, teniendo en cuenta que la empresa (siendo fábrica) se queda con 25,20€ para cubrir gastos de producción y manufacturación, el precio en tienda podría ascender a 680,40€ aprox.

(25,20€ coste x3 = 75,6€ venta al mayorista x3 = 226,8€ venta al minorista x 3 = 680,4€ venta al consumidor final)

La gran diferencia es que como la empresa de venta directa es el fabricante, trata directamente con el distribuidor final o el consumidor que es el que promociona el producto y se ahorra mucho dinero en publicidad y promoción. Puede abaratar el coste de los productos sin necesidad de bajar la calidad del mismo y si el cliente final decide que quiere comprar más barato solo tiene que asociarse a la empresa como socio consumidor (este último no tiene ninguna obligación de compras mínimas mensuales para beneficiarse de los diferentes descuentos u ofertas).

Como podrás comprobar, una empresa de venta directa con sistema de distribución de Network Marketing o multinivel como es más conocido, no es otra cosa que una empresa tradicional con diferente forma de llegar a sus clientes finales y con beneficios para todos.

¿Que todavía no te queda muy claro? ¿Y crees que solo ganan los de arriba? Ok, te lo aclaro un poco más:

Si te asocias con una empresa de venta directa, pagas tu membresía como distribuidor independiente, y decides crear un equipo de ventas (ten en cuenta que no se cobra por meter gente al negocio, sino por volumen de compras para tu propio consumo, de ventas propias y de equipo), cada uno de tus asociados son asociados independientes de la empresa al igual que tú, "si no hay consumo y/o ventas, no hay comisiones ni descuentos, eso que te quede claro."

Del dinero de la membresía de cada uno, **no se cobran comisiones**.

Si en una empresa de venta directa se cobrasen comisiones solo por buscar gente que invirtiera dinero en la membresía y no se vendiese ningún producto o servicio, sí tendría toda la pinta de ser una estafa piramidal.

Si piensas que por tener un equipo formado te puedes echar a la bartola y esperar a que ellos trabajen para tú cobrar comisiones, estás equivocado.

Recuerda que ellos también son distribuidores **INDEPENDIENTES**.

Desde que algún miembro de tu equipo te supere en rango porque sus ventas personales y de su grupo personal son mayores que las tuyas, él o ella cobrará más que tú y dependiendo del plan de compensación con el que trabaje la empresa, puedes incluso perder el derecho de cobrar las comisiones por ese asociado y su equipo aunque tú lo hayas patrocinado directamente.

Así que, ten en cuenta que esto es un negocio y que si no trabajas para superarte te quedarás atrás.

Con esto no quiero decir que no ayudes a tus asociados a crecer sino que te preocupes también de aumentar tus ventas y las de tu grupo directo.

Y para que te quedes más tranquilo aquí tienes el artículo por el cual se rige este modelo de negocios:

Art.22. Venta Multinivel. de la Ley 7/1996, de 15 de enero, de Ordenación del comercio minorista en España.

OBLIGACIONES FISCALES

Ley 20/2007, de 11 de julio, del Estatuto del Trabajador Autónomo.

Articulo 1. Supuestos incluidos

1. La presente ley será de aplicación a las personas físicas que realicen de forma habitual, personal, directa y por cuenta propia y fuera del ámbito de dirección y organización de otra persona, una actividad económica o profesional a título lucrativo, den o no ocupación a trabajadores por cuenta ajena.

Según la ley arriba citada del estatuto de los trabajadores, toda persona física que inicia una actividad económica por cuenta propia ya sea en establecimiento, venta ambulante o como asociado de una empresa de venta directa y que cobra comisiones de equipo de ventas, está obligado a darse de alta en el régimen de trabajadores autónomos.

En este artículo hay un pequeño vacío al cual se acogen todos los que inician su actividad de forma parcial y esporádica en el mundo del Network Marketing.

La ley te obliga a darte de alta en el régimen de autónomo siempre y cuando la actividad se realice de forma habitual y continua.

Es decir, si empiezas a vender los productos a tus clientes particulares de vez en cuando (NO DE FORMA HABITUAL) la empresa no te da comisiones, sino que compras a precio de socio (en tu pedido incluyes el pedido de tus contactos) para posteriormente cobrar a precio de catálogo y ganar así la diferencia. Esto no se considera comisión, sino un descuento del que tú te beneficias al comprar como socio y después vender a precio de cliente.

Aunque a muchos distribuidores no les guste que se lo diga, "eso es obtener ganancias en toda regla, aunque no se tengan como tal", puesto que estás comprando un producto a precio de socio y lo revendes a precio de catálogo.

Por tanto, a no ser que compres para consumo propio, todo lo que des a otros consumidores y te quedes con el descuento es "Vender"

Pero como dice la ley, si tu actividad no es de forma habitual y no superas los límites establecidos de ingresos no estás obligado a cotizar en régimen de autónomo.

En el momento en que decides realizar dicha actividad y tener tu negocio de forma habitual, tanto si recibes o no comisiones por ventas de equipo, sí estarás obligado a darte de alta en autónomos.

1º Si tu actividad dentro de la venta directa no es **continuada y habitual,** no has cobrado en comisiones o tus ingresos no superan el equivalente al salario mínimo interprofesional, que para el año 2018 el Ministerio de Empleo y Seguridad Social lo fijó en los siguientes valores:

- Salario Mínimo diario: 24,53€
- Salario Mínimo mensual: 735,90€
- Salario Mínimo anual: 10.302,60€ (14 pagas)

Puedes declarar que el importe retenido en caso de facturación por comisiones recibidas (IRPF), no es por actividad por cuenta propia y hacienda te lo reconocerá como tal sin que te exija el alta en actividades económicas o alta de Autónomos y si el caso es correcto te devolverá el importe retenido por la empresa.

2º Si por el contrario te dedicas de forma **habitual y continua** a tu negocio, hayas superado o no las cantidades arriba mencionadas, sí estás obligado a darte de alta en Actividades económicas y en Autónomos.

Viendo esta información y aclarando las posibles dudas que pudieran quedarte sobre qué es una empresa de venta directa, cómo es su funcionamiento y de dónde salen las comisiones para pagar a los distribuidores, ahora voy a enumerarte las principales cuestiones a tener en cuenta para llevar un negocio de Network Marketing de forma profesional y con un alto índice de probabilidades de éxito para ti y tu equipo.

- **Plan de Compensación:**

El Plan de Compensación debe especificar de alguna manera la cantidad de trabajo que debe desarrollar un distribuidor para recibir el pago de comisiones.

Si un plan de compensación no está bien estructurado y ofrece comisiones exageradamente elevadas, seguramente la empresa no sobreviva mucho tiempo o es una mera estrategia para conseguir mayores ingresos en un corto plazo de tiempo y luego desaparecer.

Si por el contrario la empresa ofrece comisiones muy bajas o desestructuradas tampoco durará mucho, por no tener la suficiente fuerza para atraer a los distribuidores necesarios para hacer crecer la empresa. Por eso es tan importante saber qué valores tenemos que identificar en un plan de compensación.

Hay 4 tipos de planes de compensación básicos y cada uno de ellos ha evolucionado con el paso de los años con bonos extra o incentivos similares para aumentar la productividad de los asociados y a su vez sus beneficios.

Por lo general, las empresas destinan hasta un 45% como máximo de las ganancias netas del producto o servicio que quieran vender. O si prefieres verlo de forma más atractiva, llegan como máximo a repartir hasta el 65% del precio bruto. Lo que las diferencia es su esencia, sus valores personales y comerciales, su producto o servicio y la forma de tratar al distribuidor.

Por el resto, el importe de las comisiones suele ser igual o muy parecido en todas las compañías. Unas pagan más por ventas propias, otras más por ventas de equipo o por profundidad o por frontalidad…

Todas son el mismo perro pero con distinto collar. (En el buen sentido de la expresión claro…)

Veamos qué es importante identificar en un plan de compensación:

- ✓ Identificar su estructura y características esenciales.
- ✓ Identificar las reglas de cómo la compañía organiza y recompensa a su fuerza de ventas.
- ✓ Conocer las principales fortalezas y debilidades del plan de compensación.
- ✓ Definir si son fáciles de explicar y entender (duplicación).
- ✓ Identificar los principales requerimientos de Estructura y Ventas necesarios para obtener las ganancias.
- ✓ Tener claro cómo ascender de rango dentro de la misma estructura.
- ✓ Identificar las exigencias y capacidades necesarias para prosperar dentro del plan de compensación (tiempo parcial o tiempo completo, capacidad de liderazgo, actitud frente a las ventas, inversión inicial, etc.).
- ✓ La orientación del modelo de negocio del Plan de Compensación (consumo personal, ventas minoristas, ganancias residuales, etc.).

Si tenemos clara esta parte sobre un plan de compensación pasemos a buscar la empresa con la que vamos a trabajar.

1º) Investigar y elegir la compañía que más se adapte a tus características.

Hay cientos de compañías en el mercado, unas más antiguas y otras de reciente creación.

¿Qué tienes que hacer para saber si la empresa que te han recomendado cumple con los requisitos de la legalidad? Como ya he dicho antes no se te ocurrirá investigar una empresa que te contrata para saber si tiene solvencia y es legal... Pero en este caso mejor vamos a aclarar dudas para no caer en estafas piramidales.

Muy simple, en primer lugar comprobar si está inscrita en el Registro mercantil del país donde opera y si tiene permisos para operar en tu país. También existen asociaciones de empresas de venta directa a nivel nacional, internacional y una federación mundial.

A nivel España: http://www.avd.es/

A nivel Internacional: https://www.dsa.org/

Federación Mundial: https://wfdsa.org

La inclusión de las empresas en estas asociaciones es totalmente voluntario **NO OBLIGATORIO.**

Pero aunque sea de forma voluntaria la solicitud de inscripción en la asociación, no solo estarán consolidando su marca en el mercado y en el sector, sino que también le ofrecen al distribuidor la seguridad de haber pasado un filtro para considerarse una empresa legal a todos los efectos dentro de la industria del Network Marketing.

Si la empresa con la cual pretendes asociarte no aparece en estas asociaciones pero sí aparece en las que han solicitado ser parte de ellas, quiere decir que está conforme en seguir las reglas de un multinivel y que por lo pronto pretende hacerse un hueco en esta industria y estar en el mercado por muchos años.

Bueno, como en todo negocio, no depende simplemente de la compañía perdurar en el mercado, sino de un conjunto de factores.

Productos de calidad, buenos precios, comisiones equilibradas, buena distribución, excelente formación de los distribuidores y evidentemente que tenga ventas para poder sustentar todo el sistema, etc.

2º) Elige un producto que te veas capaz no solo de vender y recomendar sino que vayas a usar tu mismo por su usabilidad, calidad, precio, etc. El mejor ejemplo eres TÚ.

Al igual que hay cientos de empresas, también hay infinidad de productos con los cuales trabajar.

Belleza, Nutrición, Complementos, Joyas, Oro, Criptomoneda, Moda, Servicios de video-comunicación, Suministros, Telefonía, servicios de Asesoría, Seguros y un largo etc.

Busca entre todas las categorías la que más se adapte a ti y a tus cualidades.

Recuerda que si no te gusta lo que vendes difícilmente te lo van a comprar, porque se nota a la legua si al vendedor le gusta su producto o no. Y si quien te ofrece algo no confía en ello…

¿Qué seguridad le da a su cliente?

3º) Fijar metas y objetivos muy concretos*

Tan importante como saber la legalidad de la empresa, el plan de compensación o el producto que quieres vender, es saber qué es lo que quieres lograr y en cuánto tiempo pretendes conseguirlo.

¿Cuál es tu objetivo en la vida?

¿Dónde y cómo te ves en 5 o 10 años?

¿Qué es lo que te impulsa desde el corazón, a alcanzar esa meta?

¡Escribe tu futuro y lucha por alcanzarlo!

*Si necesitas ayuda para realizar un plan de futuro detallado a largo plazo y porqué hacerlo me encantaría ayudarte: mayte@emcomsoluciones.es

4º) Haz un estudio de mercado (lista de contactos)

1) **Contacta y pregunta**
   * Situación familiar
   * Situación Personal
   * Situación económica

2) **Clasifica**
   * Posibles clientes
   * Posibles socios

3) **Invita**

   * Presentación de productos

   * Oportunidad de Negocio

Punto 1) Contacta y pregunta

Algo que tienes que tener muy en cuenta es, que en este proceso, tu mercado caliente puede no responder como tú esperas. Puede ser beneficioso para ti y tu negocio pero también puede hacer que te rindas y abandones el negocio.

Tus amigos y familiares te conocen bastante bien y cuando les ofreces alguna cosa donde se vea implicada aunque sea una mínima inversión, no van a ver el producto o el negocio. Lo que realmente va a influir en su decisión es el cómo te ven a ti como persona, por eso yo opino que es mejor que te tomes esta fase del inicio como un entrenamiento para mejorar y coger confianza en tu producto y tu plan de negocio.

Te explico:

Si ellos te ven como una persona estable laboralmente y de repente les ofreces unirse contigo en un negocio, no solo se sorprenderán sino que estarán atentos a lo que les expliques, aunque sea por mera curiosidad de saber el porqué has tomado esa decisión y ver qué tan bueno es en lo que te has metido.

Si por el contrario te ven como una persona poco estable laboralmente o les has ofrecido en diferentes ocasiones algo parecido pero con diferentes empresas, eso les causará desconfianza en lo que les quieras ofrecer. Aunque sea la oportunidad de sus vidas lo único que te dirán es "ahora mismo no puedo por x motivos, pero si más adelante te va bien lo podemos mirar otra vez" o "prueba tu primero y si tienes resultados ya veremos".

Esta es la reacción típica de nuestro mercado caliente, ¿sabes por qué? No es que no nos quieran o no quieran que tengamos éxito, la cuestión es que nos conocen y eso no siempre juega a nuestro favor en cuestiones de negocios.

Estos tres pasos no tienen por qué darse en el primer contacto, pueden ser 2 o 3 veces las que contactes con ellos. Hay varias estrategias de contactar y crear una curiosidad para que sean ellos mismos los que te pregunten y se predispongan a escuchar lo que tienes, pero en este libro no voy a hablar de ellas porque sería material para otro libro… busca la forma de crear esa curiosidad.

Mi consejo es que te tomes este paso como entrenamiento, contacta desinteresadamente con ellos para recabar información, no les pidas que asistan a una presentación o que quieres que vean tu producto. Solo llama, pregunta, infórmate, anota lo que creas importante para tu estudio y cuelga.

Punto 2) Clasifica

Después de finalizar con el punto uno, ya tienes información suficiente para clasificar a tus contactos.

Cuando ya tengas una lista de unos 100 contactos entre producto y negocio, es hora de dar el siguiente paso.

Punto 3) Invita

Crea 2 eventos independientes:

Uno para hacer una presentación de tus productos con degustaciones o pruebas gratuitas, donde ofrezcas información sobre las ventajas que tiene consumir tus productos y promociónalo.

Puedes aprovechar los eventos de formación sobre los productos que ofrezca tu empresa. Esta es una muy buena opción, puesto que es la empresa la que presenta y explica. En caso de que en tu zona no se haga ningún evento de ese estilo, por el momento siempre puedes crearlo tú mismo.

En este paso es importantísimo que cuentes con la colaboración de tu "up line" (patrocinador) o algún miembro de tu línea ascendente que sepa bien el manejo de los productos y que pueda responder a cualquier duda que se plantee entre los asistentes.

Después creas otro evento para presentar la oportunidad de negocio. Como en la opción anterior tienes las dos posibilidades, aprovechar las presentaciones que la empresa ofrece o crear tú mismo el evento.

Como ya tienes clasificados a tus contactos es hora de invitarlos al evento que les convenga, utilizando la información de la primera llamada.

En esta ocasión les vas a ofrecer la solución a una situación en concreto que ellos mismos te habrán descrito.

Así que, es hora de la segunda llamada o "llamada a la acción".

Primero recuérdales lo que ellos te han contado, para que ellos confirmen por segunda vez su necesidad o deseo y en segundo lugar les ofreces la solución invitándolos al evento.

En la reunión sobre los productos también se suele hablar, al final de la misma, de la oportunidad de asociarse a la empresa para obtener descuentos y se dan detalles de lo que eso supone. Así que sin darse cuenta también estarán asistiendo a una reunión de oportunidad, pero en esta ocasión no eres tú el que se lo ha ofrecido sino la empresa o tu "up line".

Al ser una persona con resultados reales quien les ofrece esa oportunidad, deja de existir la posibilidad de que te vean a ti como el que se lo ofrece y por tanto se elimina lo que hablamos al principio de este capítulo, que es la influencia sobre tu persona hacia ellos.

Como verás, es muy diferente atacar a todos tus contactos en la primera llamada para atraerlos a un negocio que seguir estos tres simples pasos.

No solo cambiará su percepción de lo que les ofrezcas sino que estarás cambiando la imagen que la gente conoce sobre la venta directa y el Network Marketing o multinivel, que además, no solo la repudian la gran mayoría, sino que desconfían por muy variados motivos.

Solo por el simple hecho de no incomodarlos, no suplicarles que te compren o se unan a tu equipo, van a quedar sorprendidos de tu forma de trabajar y se duplicará de forma natural.

De esta forma no solo te estás dando valor a ti mismo y a tu forma de trabajar sino que le das el valor real que tiene esta industria, tu empresa y tu producto.

En este primer contacto con el Network Marketing es donde casi el 90% de los nuevos asociados abandonan el proyecto por querer correr demasiado y no tomarse la molestia de seguir estos 3 simples pasos. No seas uno más en ese alto porcentaje y empieza a llevar este modelo de negocio como realmente tiene que ser. Verás que los resultados hablan por sí solos.

5º) Formación

Para tener éxito en nuestro trabajo o negocio y en todo lo que hacemos en nuestra vida cotidiana, necesitamos saber cómo hacer lo que tenemos que hacer de la mejor manera posible.

Que este punto esté el último no significa que sea menos importante que el resto.

La formación no solo es necesaria en el ámbito académico o laboral.

La formación más importante y en la que todos fallamos o descuidamos normalmente, es la personal.

¿Para qué iniciar un proyecto de vida si no sabes qué es lo que quieres conseguir a largo plazo?

Lo primero que te planteas desde niño y mucho antes de decidirte por una carrera universitaria en concreto es: "¿Qué quiero ser de mayor?", ¿No es así?

Cuando somos niños nos preguntamos constantemente el porqué de todo, pero cuando llegamos a la edad adulta la única pregunta que nos planteamos casi a diario es "¿por qué me pasa esto a mí?" En vez de preguntarnos "¿qué puedo hacer para cambiar lo que me está pasando?"

Todo en la vida requiere unos conocimientos específicos, pero casi siempre hacemos lo que tenemos que hacer con suposiciones y ahí es donde fallamos.

¿De qué te sirve conocer al dedillo los productos de tu empresa o el plan de compensación si no sabes a dónde quieres llegar?

La primera formación que necesitas es conocerte a ti mismo.

Todas las empresas de Network Marketing que se precien tienen formación sobre superación personal, pero por lo general vienen relacionadas con tu crecimiento dentro de la empresa. Te recomiendan cientos de libros sobre superación personal y eso está genial pero el enfoque siempre es el mismo:

Que seas más productivo en tu negocio dentro de la compañía con la que trabajas.

No digo que eso esté mal ni que pierdas ese enfoque o que dejes de asistir a formaciones de la empresa porque sería una soberana tontería por mi parte.

Pero sí que te recomiendo que te olvides de la empresa con la que has decidido trabajar de vez en cuando y te dediques a tu propio crecimiento personal y espiritual.

Dicho esto…

Es muy importante que asistas al mayor número de formaciones que la empresa ofrece de forma gratuita. De esa forma estarás cualificado para desarrollar tu negocio de forma correcta en cuanto a conocimientos específicos sobre:

*Técnicas de venta relacionadas con sus productos o servicios

*Formación sobre los productos o servicios

*Novedades y promociones dentro de la empresa

*Ofertas especiales para la captación de nuevos asociados o clientes.

*Tienda online y su funcionamiento

*Cómo crear eventos y cómo promocionarlos, etc.

Toda esta formación que te ofrecen va dirigida evidentemente a que tengas éxito dentro de la empresa, y si lo que pretendes es tener éxito trabajando con ellos, tienes que intentar ser el mejor en lo que hagas. Así que no te pierdas nada de lo que la empresa ofrezca para alcanzar ese éxito que quieres conseguir.

Recuerda que para realizar cualquier tarea has de conocer bien su funcionamiento y desarrollo. Qué os hace diferentes a la competencia y por qué la gente tendría que confiar en tus productos, la empresa con la que trabajas o su plan de compensación en vez de escoger a otros.

Todo esto sin necesidad de desprestigiar a la competencia ni a sus distribuidores, sino añadiéndote valor a ti y a tu oferta propia.

Si no eres capaz de añadir valor a tu oferta sin desprestigiar la de los demás te aconsejo que te dediques a otra cosa.

También como formación suplementaria puedes optar por inscribirte en cursos sobre marketing relacional o marketing de atracción en redes sociales pero sin que estén relacionadas con la empresa con la cual trabajas.

Esta formación suplementaria te dará los conocimientos sobre el mundo del marketing online pero de forma general, no solo a nivel interno de la empresa con la que trabajas. Y podrás utilizarlo en todos aquellos proyectos que en algún momento te surjan o pretendas llevar a cabo por tu cuenta, a la par que podrás utilizar también como estrategias diferentes para atraer más gente a tu negocio en red.

Si te estás planteando la idea de entrar en esta maravillosa industria o ya formas parte de ella pero quieres mejorar tus resultados con la formación adecuada para trabajar online, no dudes en contactar conmigo y solicitar una consulta personal en mayte@emcomsoluciones.es Estaré encantada de ser tu aliada y Coach personal.

Bueno…

Hasta aquí llega el contenido de El Libro de "Opciones Laborales en Tiempos de Crisis".

Espero que el contenido de este libro te haya ayudado a ver que tienes muchas oportunidades de crecimiento económico dentro de esta locura de crisis económica que parece afectar a todo el mundo, y que utilizando los recursos que se nos presentan puedas sacar partido ayudando a ese otro "75%" de personas que no están desempleadas.

Que llegue el final de este libro no quiere decir que finalice mi trayectoria.

Puedes seguir mi trabajo, mis estudios, artículos, cursos, nuevos libros, etc.

En: Http://EmComSoluciones.es/blog/

Gracias por leerme y…Te deseo todo el éxito y la felicidad que puedas soportar.

Sé feliz y tu propia felicidad hará el resto por ti.

Reflexión de la Autora:

Lo que me ha inspirado a escribir este libro ha sido en gran parte mi propia vida personal, errores, aciertos, experiencias positivas, negativas, etc. Y también la gran necesidad que he encontrado en otras personas por salir de su situación de angustia personal, la falta de empleo que hay desde hace varios años y por consiguiente dificultades económicas en mayor o menor medida.

Mis propias vivencias, la educación recibida por ambas familias, algunos ejemplos buenos, otros muy tóxicos y perjudiciales, y el asumir la carga familiar de mis hermanos y mi madre desde mi juventud, me obligó a madurar antes de tiempo.

Más tarde, el ser madre soltera también me ha convertido en una mujer con un objetivo muy claro: luchar con uñas y dientes por el bienestar de mis hijas. Entre todas las desventajas y dificultades que he tenido que afrontar, decidí situarme en el ejemplo del segundo hermano. Tomar los malos ejemplos para que no se repitieran y luchar porque mi vida y la de mis hijas sean lo mejor posible.

Dándonos tanto a mí, como a mis hijas, como a quien lo pueda necesitar, la oportunidad de ser quienes queramos ser, basándonos en el amor, el conocimiento, el esfuerzo enfocado, la empatía y la honestidad.

Todas las opciones descritas en él han sido, en la mayoría de los casos, comprobadas personalmente y son todas válidas. Quizás no las mismas para todo el mundo, pero como podrás comprobar, cada perfil personal tiene su oportunidad y es cuestión de encontrar aquella oportunidad que se adapte a tu propio perfil y empezar a cambiar tu vida de forma real, escalable y progresiva.

La vida es una sola, no suman los años sino que se van restando de los que se nos concedieron al nacer.

En muchas ocasiones malgastamos ese precioso tiempo en banalidades sin sentido, puesto que cuando se nos termine el tiempo, de nada servirá la avaricia, los celos, el rencor, el egoísmo y las posesiones materiales.

Con ello no quiero decir que dejemos de luchar por alcanzar nuestros objetivos o luchemos por una estabilidad económica o queramos tener bienes materiales, unas vacaciones de lujo, etc. Sino que demos más valor a aquello que nos hace felices, y en realidad no se necesita tener mucho dinero para disfrutarlo, como puede ser pasar tiempo con nuestros seres queridos, familiares o amigos. Que aprendamos a disfrutar incluso de momentos de soledad, que valoremos nuestra vida como un tesoro que una vez se vaya ya no tendrá vuelta atrás…

"No es más feliz el que más tiene, sino el que menos necesita para ser feliz"

www.ingramcontent.com/pod-product-compliance
Lightning Source LLC
Chambersburg PA
CBHW031316250726
48656CB00005B/1831